佐々木正美の 子育て百科

美 著

入園・入学後、
子どもの心は
どう成長するか

大和書房

佐々木先生の子育てに対する確固たる信念

本書に寄せて

児童精神科医／
信州大学医学部
子どものこころの発達医学教室教授
本田秀夫

佐々木正美先生が亡くなって，もうすぐ3年になります。

先生は、肩書きなしで「あの佐々木正美先生」で通じる児童精神医学界のレジェンドです。私が児童精神科医を志した１９９０年代初頭，先生はすでに第一人者として、自閉症の人たちに対する包括的な支援システムとしてアメリカで開発された「ＴＥＡＣＣＨ」を日本に普及させる先頭に立って大活躍されていました。

そんな雲の上のような存在の先生が，私が勤務していた横浜市総合リハビリテーションセンターに常勤としておいでになったのは、１９９５年のことでした。それから2年間、同じ職場で先生の仕事に接することができたのは、とても貴重な経験でした。

週に1回、センターの中にある知的障害児通園施設に2人で出向き、療育を見せてもらい、スタッフと議論しました。

当時の私は、「まだ誰もやっていないことをやりたい」と血気にはやるところがあり、こうすれば発達を伸ばせるのでは、もっと子どもや親に頑張ってもらえば自閉症がよくなるのでは，などと先生に議論をふっかけたものでした。先生の年齢は私の両親とほぼ同じだったので、今思えば親につっかかる思春期の子どもとその親のような関係でした。

そんな若造のとんがった発言を、先生はいつも笑顔で聞いてくれながら、本当に重要な場面ではご自分の意見を述べられる。それはまさに、思春期の子どもに対する親の接し方のようでした。

ある会議でのことです。

通園施設で何をさせても自信がなさそうで、家ではいつも母親に反抗して大げんかになってしまう知的障害の子どもへの支援方針について話し合われました。母親はその子のためになるのならと、下の子の育児休暇期間を利用して母子通園していました。私を含む多くのスタッフは、母親にもう1年育児休暇をとって頑張ってもらいたいと考えていました。

そのとき先生が、「このお母さんは職場復帰したほうが、子育てがうまくいくんじゃないでしょうか」と発言されたのです。

「長時間ずっと子どもと一緒にいて叱ってばかりだと、子どもをかわいいと思えなくなってしまう。昼間は仕事に行って気分を切り替え、子どもから離れる時間があるほうが、かわいいと思えるようになるかもしれませんよ」

というのが先生の意見でした。結局、母親の復職と同時にその子は通園施設を退園し、一般の保育園に移りました。

それから半年ほどして外来診察に来られたとき、母子ともに見違えるように表情が明るくなったのを、私は今でも忘れられません。けんかはほとんどなくなり、子どもが自信を持っていろんなことに積極的に取り組めるようになったのです。

技術論にばかり目を向けがちだった当時の私にとって、親が安心して子育てするための意欲をサポートすることの大切さを学ぶよい機会になりました。

先生と2年間職場を共にして学んだことは，医学というよりも子育て支援の哲学と言ったほうがしっくりくると思います。うわべの技術ではなく、根底に流れる子育てに対する確固たる信念を持った先生でした。

あれから25年たち、私は当時の先生の年齢に近づきましたが，あの頃の先生のように哲学を持って仕事ができているだろうかと思うと、はなはだ心もとない気持ちです。でも、そんな私であっても先生は受け入れて、あたたかく見守ってくださっていると思えるのです。

この本には、そんな先生の子育て哲学が述べられています。間口が広く、かつ奥行きの深い子育て論なのに、とてもわかりやすい言葉で心にスーッと染み入ります。子育て中の保護者だけでなく、保育士、教師など子育てに関わるすべての人たちに読んでいただきたいと思います。

（2020年4月2日記す）

もくじ

第2章

子どもは親の愛情だけでは育たない

第3章
親からの質問と悩み事にお答えします

第4章 保育者・教師からの質問と悩み事にお答えします

第5章 子どもの心の成長に寄り添う仕事とは

*本書は著者が1994年~2017年まで顧問をしていた子育て協会発行の小冊子、
『子育てアラカルト』(1号~9号/2002年1月~2007年9月)
『子育て どうしたらいいの?』(1号~9号/2005年3月~2010年10月)
『続・佐々木ノート』(30号~52号/2003年4月~2009年7月)
『新・佐々木正美ノート』(1号~21号/2011年4月~2018年1月)
の中から選択し、著作権者の承諾を得て構成・編集致しました。
尚、本書の症例及び質問はプライバシーに配慮し複数のケースをアレンジしています。

第1章

子どもの自己肯定感を育てる

私が臨床の仕事や勉強会で心がけたこと

同じ場所で20年という単位で仕事を続けてきて確認できたことがあります

基本的に私は、仕事は20年という単位で若い頃からやってまいりましたが、20年というのは、自分が行ったり考えたりすることが確かであったかどうかを確認するのに必要な年数でありました。

私は、１９７７年から横浜の小児療育相談センターというところで約20年勤めました。相談センター所長をお引き受けするとともに、そのとき非常勤の仕事もいくつかお引き受けしていましたが、例えば東京女子医科大学の小児科の非常勤講師は、週に1回、１９７４年から毎週金曜日に行き21年やりました。東京大学の精神神経科の助手ののちに非常勤講師も同じ１９７４年から19年余りやりました。

東京狛江市の保育者の皆さんとの勉強会、これは当時の市長から公式に依頼を受けたのですが、月に1回夜でありますす。1975年から20年以上1回も休まずやり、その後も不定期ですが続けてきました。横浜市総合リハビリテーションセンターには1995年から勤務し始め今も（当時）継続しています。

なぜ20年続けるかとかというと、こちらも学びたいからです。私にとっては20年勤めることによって、そこがテキストになるわけです。

子どもたちがどうなっていくのか。あのとき私がこう思ってこう話したことが、確かにその通りだったのかということを確認できるのに十数年かかる。間違いだったということも、確認するのにそれくらいの年数がかかるわけです。

あるいは、ああ思ったけれどこうじゃないか、と途中で微調整しながらやっていくこともあるわけです。いろんなことを確認するのに、同じ場所でというのが価値がある、ずっと通しで見られるんです。

もし1つだけ結論めいたことを申し上げるとすれば

その中で、絶対確かだということで結論めいたことを申し上げると、親の前ではたしかにいい子に見えるんです。だけど園で保育士さんが引き取ってご覧になると、園ではとても手のかかるという子がいます。親の前でいるときと、園に来たときとが違う。

子どもはみんな、子どもに限らず大人もそうですが、家庭と家庭から出たときと同じ状態でいる人がいたら、これは異常です。

変わるんです、絶対に。変わらなければいけないんです。

その変わり方が、親の前ではいい子だけれど園では手がかかるという子どもは、比喩《ひゆ》的に申しますと、その10年後は例外なくとても大変な子どもになります。

こういうことをきちんと確認するには、十数年から20年というのはとてもいいんです。3歳だったときたいへんだったAちゃん、5歳になってこうだった。小学校に入りました。中学生になりました。高校生になりました。働き始めました。結婚されました。そして離婚されました。不幸な犯罪を引き起こしました……と沢山わかります。

同じ町の中でずっとやっているからです。勉強会で時々話題にしながら、卒園していった子どもたちも、今どこの小学校の何年生になった、中学生になった、高校生になった、成人した……ということがわかっていくわけです。

親の前で駄々っ子なのは、親の愛情が行き届いているからです

もう一度申し上げます。

親の前でいい子だけれど、保育園や幼稚園に来ると手のかかる子は、社会で手のかかる人になります。例外なく、と申し上げていいくらい大変だと思います。

反対の子は非常にいいですよ。親の前で結構駄々っ子をやっている。大変そうな子だなと思う。だけど園ではそうでもない。こういう子どもは、社会的に極めて安定した成長・発達をしていきます。

もうおわかりでしょう。家を出ればピンとするということです。

家にいるときはリラックスしている、くつろいでいる、多少わがままも言っている、気を許している、肩の力を抜いている。

親の前で肩の力を抜けない子どもにしたらいけない、ということですね。

理屈ではないんです。理屈はもちろんありますよ。でもそれ以上に、事実が物語るわけです。ですから親の前で駄々っ子というのは、この子は私に気を許しているんだ、私を信じているんだ、と思ってくだされば いいんです。私の愛情が行き届いているんだと思われればいいでしょう。

親の前で親の顔色を見ているという子がいたら、独裁者の前の取り巻きみたいなものでありまして、気を許せないわけでしょ。親に気を許せない子というのは、どこかで気を許さざるを得ないわけです。

どこかで羽目を外さざるを得ない。それを園で外すんです。やがて学校でも外す。だけど、そういうところでは気持ちは全然満ち足りないんです。だから大きくなったら社会で羽目を外すんです。

ですから皆さん、親から見て、いい子でないほうがいいんです。人様から「お宅のお子さん、いいお子さんで」と言われたら、間違いなくいい子なんです。

ご近所から苦情がくるけれど、「うちではいい子なんです」というのは、もっとも心配ですよ。そういうふうにお育てになってはいけない。こういうことです。

いつも自分としては可能な限り中立を保ちながら、子どもや少年、青年、家族と接して40年以上になります。そういう中で、それが確かだと確認するまで、ずいぶん時間を使ったということでもあります。

子どもの中にまず育て上げなければいけないもの

園や学校が楽しいのは、友だちや先生との関係が楽しいということです

子どもの中にまず育ててあげなければいけないもの、それは人との関係が豊かに、自由に持てるということです。それが何よりも大切なのです。

日々生きていることが楽しい、幸福だという人は、人間関係が楽しい人です。

その人の生活空間の中に楽しい人間関係を持っている人です。

職場の同僚との人間関係が楽しい人は職場が楽しいはずです。園・学校の友だちや先生との関係が楽しい子どもは間違いなく学校が楽しいのです。

不登校の生徒たちは勉強のできる子が多いのです。勉強ができることで学校が楽しくなるわけではないのです。人間関係が楽しいから園や学校が楽しい。こういう事実をしっかり知っ

ていただかなくてはなりません。逆は、園や学校を楽しくしません。
人間関係をいきいきと持てなかったら、生きていること自体が楽しくなくなるのです。

日本人は豊かな人間関係を持つのが下手になりました

子育てについてどうしたらよいか悩むとき、お子さんが豊かな人間関係を持って生きることができているか、そのことを最大のテーマにお考えいただきたいと思います。日本人はそれが世界一下手になりました。それは大人たちが人間関係を持つことが下手になったのです。

私たち日本人は、自分を大切にしようという生き方を模索し始めました。それは本来正しいことです。しかし私たちの中に健康な個人主義というものを確立する前に、自分を大切にということばかりが前面に立ち、いつの間にかそれは利己的・自己中心的な生き方になっていきました。そして人間関係がいろいろな意味で失われてしまったのです。

人間関係とは一方からだけでなく双方の関係です。周りの人たちもさまざまな程度にそのような状態になっていっていますから、よほど一人ひとり人間関係を大切にすることに日々努力して生きていなければどんどん失われていくのです。

40年以上の臨床経験で本当にそうだと思った2つの言葉

長年精神医学の臨床と勉強をしてきた中で、私がお手本にしてきた先生が古今東西を通じて何人もおります。そういう先人の言葉を紹介しながらこれから話を進めていきますが、ご紹介するのは、私自身が自分の経験の中で本当にそうだと確認できた言葉だけです。

代表的な1人にハリー・スタック・サリヴァンというアメリカの精神科医・社会心理学者がいます。人生の全精力を医療ケアに捧げた臨床の鑑のような人だと常々思っています。そのサリヴァンが生涯を通じて言い続けたのが次の言葉です。

〈人は自分の意味や価値を人間関係の中に実感することができる〉

人間関係がいかに大切かということです。お子さんとの関係、ご夫婦の関係、お仕事をなさっている方は職場の人との関係、友人との関係、ご近所との関係と、人は人との関係を持ちながら生きています。人との関係を失ったら、人間の存在の意味を失い、存在の価値も失うのです。

次も私が尊敬するライフサイクル理論で有名な精神分析家のエリック・H・エリクソンが、豊かな臨床経験の中から言った言葉です。

〈豊かな人間関係とは、与えているものと与えられているものが等しい価値を持っている関係である〉

夫と妻、親子、生徒と先生、医者と患者、与えているものと相手から与えられているものが等しい価値を持っていると実感し合えているときに、その人間関係が最高なのです。

子どもと一緒にいることを幸福に感じることができるお母さんだけが子どもを幸福にできる。まったくその通りですね。

お母さんが幸福に感じているから、子どもはお母さんと一緒にいることが幸福なのです。

子どもの自己肯定感と意欲

人間は、人に肯定されることによって自分の価値を発見します

子どもというのは、否定されればされるほど、自分で自分を否定します。自分を否定するということは、必ず自分以外の人を否定します。これが恐いんですよね。ですから、人を傷つける人というのは、人を否定しているわけです。だけど、それ以前に、絶対、必ずといっていいほど、自分が否定されてきた歴史がある。自分が肯定されてきた人は、人を肯定できるんです。自分が信じられてきた人は、人を信じることができるんです。自分が攻撃されてきた人は、人を攻撃します。理屈はとても簡単です。自分の命が粗末にされれば、人の命を粗末にしてしまう。こういう関係があるわけです。

人間の本質そのものは、人間関係なのです。どういう人たちとどのような人間関係を持っ

て育ってくるか、ということです。一言で言えば、子どもの時代から自己肯定感を育てられること、ということになります。自分の存在の価値を教えられることです。

人間はひとりで自分の価値を発見することはできないんです。人に発見してもらわなくてはいけないんです。ヒントだけ与えられて、そこから自分で発見することもあるでしょうけれど、いずれにせよ、自分で自分の価値を発見した人はいないのです。だから人間は無人島では生活できないんです。みんな人に見つけてもらうのです。

自分が評価されたい人に評価されるのが自己肯定感を育てます

他者を信じるということは、他者から信じられている、承認を受けているということです。自分を信じるということは他者から信じられたということです。だけど、本当に自分を信じられるためには、自分が信じている人から信じられたいんです。これがいちばん強い自己肯定感を人間に与える。相互信頼、相互承認というのがいいのです。大きくなっていくほど、自分が本当に評価している人から評価されたい。そうなったときに人間はもっとも健康な自己肯定感が育つのです。

だから小さいうちは遊びたい友だちと遊ぶのがいちばんいいんです。特に小学生であればふたりきりではなく、多いほどいい、中学、高校になるにつれて友だちが限られてくるのがいいと、エリクソンは言いました。小学校時代は多様な友だちがいればいるほどいいのだと。人間というのは、自分が評価している人から評価されるのがいいのです。自分が承認している人から承認されるのがいい。あるいは自分が評価されたいと思っている人から評価されるのがいいんです。こういう関係になっていくというのが、自分のアイデンティティーになるのです。

自分が評価しているかどうかわからない人からいくら評価されても、本当のアイデンティティーにならない。だから芸能タレントの人気投票というのは、どんなにファンがいても、本当の自己評価になりません。なぜかというと、自分が肯定している相手から評価されているのかどうか、わからないからです。このことはとても大切です。

わかりやすい例で言うと、学者が学会に行って、自分の研究を評価されたというのは自己肯定感になるんです。自分が評価されたい人たちから評価されたのですから。自分がとても大好きな友だちから、君のことが好きだよと言われるのがいいのであります。だけど、それは最初から簡単にはならないわけです。

そういう欲求をとても強く持っている人が芸能界には多いですね。だから絶えず恋愛をしている人がいる。他者から関心を集めたい、「こっち見て行動」をとる人がいます。だけど少しも満ち足りていなくて、自分をえこひいきしてくれる特別な人を求めているのです。でも求めるだけで与える力が弱いので、すぐ壊れます。

健康な意欲を育てるために必要なことはシンプルです

子ども時代に子ども時代のことを使い切っているときに、子どもはいちばんいきいきと意欲的に活動しています。そうなった子どもがだんだん大人になったとき、今度は大人としての意欲が出てくるのです。そういうプロセスを皆さんお考えになるといいんですよ。

健康な意欲というのはそういうものなんです。泥棒の計画をするとか、詐欺とか脱税の計画をするとか、そういうことに意欲的なのは意欲とは言えないんです。

意欲というのは、自分の幸福のために、そして周囲の人の幸福のために役に立つ活動への意欲を言っています。おおげさに言うと、人類に貢献する活動への意欲を言っています。

幼少期に人類への貢献なんて全く思いません。大きくなって、だんだん変わってくるわけです。子ども時代に子ども時代のものを使い切ったあとにそういうものがでてくるのです。

子どもの意欲と単純に言いますが、そんなやさしいことではないです。だけど、考えてみれば、少しも難しいことではないですよね。

意欲的に何かするということは、簡単なようで実は難しい。だけど難しいように見えて、そのしくみは簡単なことです。

日本の子どもは自分の親のところに生まれて満足しているか

自分の親に満足していない日本の中高生

こんな数字を1つご紹介しましょう。（財）日本青少年研究所が大分前になりますが、「あなたは自分の両親のところに生まれてきたことに満足ですか？」という問いの調査をしました。しかも、アメリカと中国、韓国、もう1、2か国調べられたでしょうかね。

日本の中学生・高校生と、諸外国の中学生・高校生を対象として、自分は自分の両親のところに生まれて満足か？　満足でないか？　というとても単純な問いです。

何%くらいの日本の中学生・高校生が、自分の親に満足していると思われますか。

25%です。びっくりなさるでしょう、この低さは。75%の子どもは、自分の親じゃない親のところに生まれてきたかったと思っているんですよ。

どんな国を調査しても、たぶん半数を割るなんて国は世界中どこにもないでしょう。75%

とか80%というところが多いんですよ。親が立派な人だとか金持ちだとか、そんなことは、子どもは自分の親のところに生まれてきたことに満足かどうかに関係ないんです。どういう心のかけ方をしてくれたか、ということにつながるのでしょう。

本当を言いますとね、いちばん子どもに愛情が伝わるのは、不足したものを分け合うときに伝わるんです。けれども日本は不幸にして、そういうことがないんですよね。だから伝わりにくい。

もう1つ申し上げますと、子どもの自尊心、プライドを守ってあげるために、親は泥をかぶってあげることができるか。こういうときにいちばん愛情が伝わるんです。非行少年はこの経験がない、とよく言われます。

子どもにとって最高の愛情とは何でしょう

ある年の夏に、私は非行少年の番組を作るお手伝いをしたことがあります。テレビ局の番組で、ある少年院に、カメラを持って入ることが許されたんです。たくさんのことを教えられました。

どの少年も本当にいきいきと語ってくれました。もうまもなく出所するという少年をたくさん取材されたようです。もちろん顔にモザイクを入れて、声を変えて、プライバシーを守ってでありますけど。

私は少年たちが語っている映像をたくさん見せてもらいました。語っていることは、一見さまざまなことのように見えますが、どの少年も話の大部分は「家族」を語っています。

いろいろなことを言っていますが、共通していることのもっとも特徴的なことは、自分のプライド（面子《めんつ》、世間体と言った子がいますが）、少年のそれと、親の世間体とがぶつかることがあるんですね。それが対立したときに、自分たちの親は、絶対親のほうを通したと。これはどの少年が、どんな言い方をしていても共通していました。

そして少年院の職員の方が、こうおっしゃいました。子どものプライドを守るために、親が世間体を犠牲にする、そういう育て方をされた子がここに来ることは絶対にないと。

たぶん、最高の愛情でしょうね。自分の世間体、プライドを犠牲にして、子どものそれを守ってあげる。子どものために、親は泥をかぶってあげる。こういうのがいちばんの愛情だと思います。遊園地に頻繁に通ったり、高価なおもちゃを買うなんていうのは、たいした愛情ではないんですよね。お金があればできるのですから。

親の希望、親のプライドを優先させていませんか

簡単に申しますと、自分のプライドのほうを優先させないであげてください。おまえを守っ

てあげると。世間様が何と言おうと、お父さん、お母さんが盾《たて》になってあげると。そのために親が多少後ろ指を指されることがあっても、それでいいんだから安心していなさいと。こういうことをしてやれるのはお父さん、お母さんだけなんだということが、子どもに伝わるといいですね。

お父さん、お母さんの希望のほうばかりが子どもに伝わっている、ということはよくないですよ。親の希望を子どもが受け入れて、いろいろなことができるようになった。子どもは親の顔色を見て育ちました。だけど親の顔色を見たら見たぶん、よその顔色は見なくなりますから、ルール違反をします。

親の顔色を見ないで育てられれば育てられるほど、子どもは外に出たときに人の顔色を見るわけです。

教育とは困難を克服していくこと。そう思いすぎていませんか

みんなにできることができないことで、子ども自身も傷ついています

これは一般論ですが、日本の園や学校は、全体主義、集団主義というものが強いですね。私はよく給食についてもお話ししますが、選択の余地がありません。

鉄棒、跳び箱という、いわゆる器械体操の類《たぐい》が好きな子と、球技が好きな子と、両方好きな子と、両方嫌いな子といるわけです。これは体質素質の問題があって、鉄棒などは本当に個人差があるものです。食べ物と同じかと思うのですが、どの程度まで無理強いするかということです。

ちょっと嫌だったらもうやらなくていいかというと、これはなかなか難しい問題なのです。みんながしていることができないということで、子どもは実は傷ついているのです。そして

みんなの前でやらされてできないということでもっと傷つくわけです。

いろいろな程度に傷つくことを誰もが経験し、その傷ついたことを自分で癒す経験、克服していく経験もしていく。こういうこともある程度は必要だということは承知しているのですが、その後遺症が大き過ぎるとおおいに問題なのです。自尊感情が壊されるということはいちばんいけないことです。

犯罪を犯してしまう少年は、ほとんどすべてが自尊感情が壊される経験を多くして来ています。自尊感情が全く育てられなかった。その程度が強く出た場合に、人は反社会的になる――犯罪行為をする。こんなふうに言えると思うのです。

成功から学ぶことと失敗から学ぶことの調和

教育のもっとも重要なことは困難を克服していくことにある、というふうに思い過ぎてはいけないのです。自尊心を壊さないように、あるいは自尊心を豊かに育てながらということが、はるかに大切なのです。

自尊心は壊さないでおけば育つのではなく、何かができることによって育つのです。他者から承認を受けることによって育てられるのです。〇〇ちゃんにはこういういいところがあると本人に気づかせてあげる。親にも気づかせる。それは○○ちゃんはこういうところがダメだなどというよりはるかに意味が大きいのです。

嫌なことを避けるということは、本当は傷つきたくないということを子どもたちは言っているのです。失敗したくないと言っているのです。

だからといって、失敗しなければいいと言っているのではありません。私たちは成功から学ぶこともたくさんあるけれども、失敗から学ぶこともたくさんあるという、これも事実です。この調和ということをいつも考えなければいけないと思います。

例えば鉄棒は、指導として価値のある子にはあるが、ない子にはないのです

小さいときであれば、鉄棒がどうしても嫌だという子には、例えば走り幅跳びに替えてあげればいいと思うのです。鉄棒が恐いというとき高所恐怖症の場合もあるでしょう。

私にもおおいにあるのです。観覧車にお金を払って乗る人の気持ちがわかりません。ジェットコースターなど乗ったことがありません。家内は子どもたちと乗ってもうこりたと言っていましたが、こりる前に私はわかっているのです。けれども子どもたちはこりずにまた乗るのです。

最初から好きな人と、やってみてこりる人と、経験する前から嫌いだという人がいるわけです。だから人生に何ほどの得や損があるかというとないのです。

サルが鉄棒にぶらさがれなかったら、それは生きて行くうえで致命的でしょう。けれども人間が鉄棒できないために何が困るかというと、ほとんどないと思うのです。なぜそんなことを選択の余地もなく教えたがるのでしょうか。いかに集団主義かということがおわかりになると思います。軍隊は仕方がないでしょう。規律を集団で守るということが大切ですから。けれども学校は軍隊ではないのです。

鉄棒は指導として価値のある子にはある、ない子にはないと思うのです。ですから、鉄棒にしますか、かけっこにしますか、球技にしますかと3通りくらいの中から選べるようにしてあげたらいいのではないでしょうか。子どもがいきいきと身体を使って活動する、表現するということには価値がありますから、いくつかの中から選択ができるようにしたらいいと思います。

ホテルの朝食はバイキングスタイルのことが多いですね。洋食でも和食でもいいのです。ベーコンエッグをおかずにおかゆを食べて、食後にはコーヒーを飲む。それは人様になんの迷惑もかけません。

九九を覚えなかったら将来不都合が起きるから、みんなより時間がかかっていいから頑張って覚えなさい。これはわかります。けれどもみなさんの中に、社会に出てから、子ども時代に鉄棒をやっておかなかったことで、ひどく不都合を生じているという方がいらっしゃるでしょうか。

鉄棒ができようができまいが、それは、本人が生きて行くために大きく不都合がなく、人様に何の迷惑もかけないようなことです。

教育はそれくらいゆとりを持ってほしいのです。

子どもが高齢者を訪問するプログラムで学んだこと

子どもたちを待ちわびている高齢者

かつてカナダで私も経験したことですが、小学生が高齢者を訪問するプログラムというのがあります。小学生が2人組のペアになって、一定の期間、学校の周辺にいる高齢者を1週間に1回訪問します。独居老人もいるし、夫婦でひっそりと静かに生活していらっしゃる人もいるし、比較的お元気な方もいる。

私も同行したことがありますが、高齢者は待ちわびているんですね。孫や、ひ孫のような子どもたちが来てくれるのですから。その前の週に作った工作や絵、作文を持って読んだり見せたりするんです。それは大したものではありません。でも、来てくれることがうれしいわけです。ただぼうっと行くだけではどんなことをしたらいいかわからないので、こんな絵を描いたとか、こんな作文を読んであげるとか会話して。

「よく来てくれたね。ありがとう」と、無条件に100%承認される体験

最初これは高齢者をなぐさめるプログラムかなと思ったんですが、それは第２の目的であって、もっとも大きな目的は、この子どもたちが存在を承認されることだとわかりました。ありのままをこんなに見事に承認される機会は、教師には作れないんです。作ったつもりでも生徒はそう感じていない。なぜなら、先生は採点する人ですから。

どんな子にも１００点をつけるように先生がしていれば、そういう関係になるでしょう。でも、先生は不幸にして、成績をつけなければならない役割を持っているんです。そういう先生との関係の中では、生徒は１００%ありのままでいい、と承認されるなんてあり得ない。親も、子どもに対してそのままでいいとは思えないのです。

ところが地域の老人たちは、子どもたちのことを心から「来てくれるだけでいい」「いてくれるだけで充分な価値がある」と感じてくれる。こういう承認を与えるプログラムは、教育上とても重要なプログラムで、親にも教師にもできません。

確かに、子どもの祖父母は承認しやすいですよ。だけど、よそのおじいさん、おばあさんは、祖父母よりももっとしやすいです。だから子どものために非常に価値があることをやっ

ている。そのことが老人たちも喜ばせているからいい、ということであります。

「もう帰るのかい、残念だね」

「今度いつ来るの？」

そう聞いていますよ。子どもたちは存在するだけで大歓迎されるのです。「今度はもう少し上手に絵を描いておいで」なんて言う老人はいないのです。「こんな作品じゃダメだよ」なんて言わない。

存在してくれるだけで感動しているわけです。「よく来てくれたね、ありがとう」と。

与えるものと与えられるものが等しいということ

こういう承認の受け方は、普通の教育の中ではできません。ですから、この本の最初にお話しした精神分析家のエリクソンの言葉で言えば、本当の完璧なパートナーシップですよね。与えるものと与えられているものが等しいということ。

高齢者によってその小学生たちは何を与えられているか。

小学生たちは高齢者に何を与えているか。

こういうことがうまくいったときには、最高のプログラムになります。子どもがこれだけ大きなポジティブなフィーリング、自己肯定感を持つということは、他ではなかなか経験できないことであります。

このことは例えば野球の試合なんかで、3点負けていたけど、最終回で満塁でサヨナラホームランを打って、味方の応援団がパーフェクトに歓迎してくれるその瞬間に等しいくらいでしょうね。

球場のファンが自分のために拍手喝采してくれる。自分は観衆に大きな感動を与えた。それ以上に、自分はこんなに名誉な拍手をもらえた。こういうのに近い感動を高齢者を訪問するだけで子どもたちが得られた。こういうことは、子どもたちが育っていくのには不可欠だと思います。

こういう自己肯定感を育てられた人が、他者を粗末にする、傷つける、否定する、攻撃する、意地悪をする、ことはまずないでしょう。

お母さんが豊かな母性性を発揮するために必要なこと

母性性とは、家庭をくつろぎの場にする力です。

安らぎ、憩いの場にする力です。

それが失われてしまったら、子どもは年齢とともに家族から離れていきます。うちに帰ってくればほっとできるということは、子どもが健康に育つための絶対条件なのです。

家庭の中にやすらぎとくつろぎを与える力をお母さんが発揮するためには、お父さんの存在感がとても大きいのです。どうぞお父さんは家族のしっかりした精神的な支柱になってあげてください。

そしてお母さんはやさしいだけでいいのです。どんな力がなくても私は心配しません。けれどもお母さんがどんな能力をお持ちになっていても、やさしさがなかったら、まず子どもは育ちません。このことをしっかり実感していただきたいと思います。

お父さんに頼りがいがあるときに、お母さんはやさしさ――母性性を発揮できるのです。

お父さんに頼りがいがないと、お母さんは子どもに傾斜していきます。

子どもに過剰期待していくのです。

妻のグチと自慢話が聞けるお父さん

お父さんに望むことは、妻のグチと自慢話を聞いてあげるということだと私は思うのです。

元・上智大学名誉教授であり神父であり哲学者であったアルフォンス＝デーケンさんが、ドイツにはこんな素晴らしい諺《ことわざ》があると紹介してくださいました。

〈喜びは友に語ると二倍になる。悲しみは友に語ると半分になる〉

ドイツの諺には友とありますが、それはもちろん妻でも夫でもいいのです。

喜びは相手に語ると大きくなる。悲しみは相手に聞いてもらうと小さくなる。自慢話は喜び、グチは悲しみと置き換えることができると思うのです。それを相手と語り合えることがいいのです。最高のコミュニケーションをとり合える関係を相手との間に持っているということです。

何がしかの自慢話ができますか。グチがこぼせますか。

喜びを心から歓迎して聞いてくれる家族、友人はいますか。悲しみを本当に心を痛めながら聞いてくれる家族、友人がいますか。

安心して自分の悲しみやつらさを語ることができる家族、友人がいますか。

相手の喜びを自分の喜びのように、相手の悲しみを自分の悲しみのように受け入れて聞く。と同時に自分の喜びや悲しみを聞いてもらう、こういう関係を持つことが大切だと常々思っています。非常に強く思っています。

喜びを分かち合える会話、これは最高にうれしいものです。そして悲しみを分かち合える会話も人としてうれしいものなのです。その悲しみが悲しみとしてあるのですから。

第2章

子どもは親の愛情だけでは育たない

なぜ親の愛情だけでは育たないのか？

自分の子どものことだけを思っていませんか

皆さんはご自身のご両親との関係はいかがですか。皆さんのお子さんにとっての祖父母です。お子さんにとっては4人の祖父母が普通はいます。子どもにとっての祖父母、皆さんにとってのご両親。その人との関係はどうですか。

何も同居したり近くにいて日々行き来したりしなければならない、と言っているんじゃないのです。気持ちのつながり、そういうことです。それが皆さんと皆さんのお子さんとの関係にだんだんハッキリでてきますよ。お子さんとの将来は、今、皆さんがご両親との関係をどんなふうに生きていらっしゃるかによく似てきます。

時々、私たちはこんな虫のいいことを思うことがあります。

自分の両親を粗末にしていても、自分の子どもからは粗末にされたくない。そう思っている人がいるんです。こんな虫のいいことはあり得ないですよ。

何も家族の縦の関係のことだけを申し上げているんじゃないんです。いろいろな人との人間関係を申し上げているんです。とても大切なことですから、こういうことを日々お考えください。

ご自分の子どものことだけを思っていらしたら、たぶんうまくいきませんよ。

私は幼稚園の先生よりは、保育園の先生方との勉強会のほうが圧倒的に多いです。そのときにこんなことも言います。子どもというのは、親だけで育ててはいけないんですよ。これはもう絶対的な事実。親だけで育てて健康的に育つということは絶対ないです。

以前、朝日新聞の保育セミナーで臨床心理士の三沢直子さんとご一緒したことがあります。そのときに三沢さんの講義ノートを見せていただいたら、アフリカの諺が出てきました。

〈子どもというのは、村中の人の知恵と力がなかったら育たない〉

こういう諺がアフリカのどこかの地方にあるんだそうです。なるほど、いい諺だなと思いました。要するに、いろいろな人の力がないと育たないということです。だから親だけで育てるというのはダメなんですよね。

親しい交わりの中で育てることがとても大事です

ですから、皆さんは保育園や幼稚園に通わせるとか、おじいちゃん、おばあちゃんにかわいがってもらうとか、隣りと行き来し合うとか、そういうことをたくさん繰り返しながらお子さんを育てていかなければ、子どもは社会的な存在にならないわけです。

こういうことが私たちはどんどん下手になってきて、子どもの社会性を奪っているわけです。非社会的か、反社会的か、こういうことが今多いですね。社会的でない、ということです。それは、いろいろな人の手の中で育ってこなかったということでしょう。

といっても、子どもというのはいろいろな人の手の中で育つのが単純にいいのではなくて（そうだったら、たらい回しです）、それはダメなんです。村中の人の知恵と力がという意味合いはどういうことかというと、親しい交わりをしながら育てる、ということです。

ですから私は保育園の先生方との勉強会で必ず申し上げます。子どもを朝晩受け渡しするときに、子どもの見ている前で、ああボクの、わたしのお母さんやお父さんは、園の先生と仲良しなんだということが伝わるような受け渡しの仕方をしてほしいと。

これはどんなに意味のあることか、価値の高いことなのか、繰り返してごらんになればわかります。そういうことを心がけられると、子どもは保育園の中で過ごしやすくなりますよ。

なぜかというと、自分の親が仲が良い、心を寄せている、信頼をしている、親しい交わりをしている、先ほどの諺の例で言えば、自分の村の人です、そういう人の手の中で育つときに価値があるのです。

ですから、祖父母は価値があります。だけど親と仲が良いという場合です。親と祖父母の仲が良ければ、祖父母の力は絶大ですよ。私はそのことを確信しております。

祖父母たちにどのくらいかわいがられましたか。その人たちの愛をどのくらいもらって育てられましたか。とても大きな意味があります。

皆さんが親しく交わっていらっしゃれば、何も一緒に住んだりしなくても、おじいちゃんやおばあちゃんのことがよく話題になったり、電話がかかってきたり、長いお休みのときは出かけたり、わが家にお招きしたり、そういう親しい交わりがあれば、お子さんにとって非常に価値があるということですね。

なぜかというと、親の愛情と、祖父母の愛情と、親戚のおじさんやおばさん、近所の人の愛情とは、意味が違うからです。同じだったらいらないんです。親だけでいいんです。違うから価値があるんです。

端的にいつも私は申しますが、親の愛情というのには、子どもの将来を幸せにしたいという気持ちがたくさんあります。他の人はほとんど思ってくれませんよ。

けれどもそれは、親のかけがえのない愛情の、ある側面です。

将来の幸せではなく、今、幸せでなければいけない子どもたち

子どもというのは、小さければ小さいほど、今幸福でなければ、将来に夢や希望は絶対に持てないんですね。今苦しくても、頑張っていけば将来は幸福なんだ、というのは大人の感情ですから。

そんなことは子どもの小さいときには絶対伝わらないんです。今苦しくても頑張れば将来幸福になるという気持ちが強いご両親がいらっしゃればいらっしゃるほど、今を幸福にしてくれる人に預けなくてはいけない。おじいちゃん、おばあちゃんの愛情をたくさんもらわなくてはならない、と申し上げているんですよ。

これは絶対必要です。どうしたって、親はこの子の将来を考えてしまう。

どんな学校に行ってくれるかな、ピアノは上達してくれるかなと。どうしても自分の気持ちが行き過ぎると思ってしまう人がいたら、だれが今日のこの子の幸福を保障してくれるのか、ということですよ。

なぜかというと、今苦しくても頑張っておけば、将来明るい希望が得られるんだなんていう感情は、どんなに早熟で聡明な子どもでも、実感するのは小学校の高学年です。中には中

学になったって、大学になったって思わない子もいますよ。

実感できるようになる前に、そういう感情をすっかりうち消してしまうことがあります。というより非常に多いです、今は。これは私が何十年という児童臨床をやってきてしみじみ思います。

親は子どもが歯を食いしばって頑張っているのが喜びとなりがちです

自分の将来に夢や希望を持つ力というのは、一度失ってしまったら容易に取り戻せません。大変なことです。小さいときから持っていなくてはいけないのです。ずっと持っていなくてはいけない。それには、今、幸福に生きていなければいけないのです。あるいは、今、幸福に生きる機会が毎日与えられていなければいけないんです。

何が幸福でしょうね、小さいときは。

昨日楽しかった、今日もおもしろかった、明日もきっと楽しいだろうと思う。こうやって子どもは生きていくんです、小さいときほどね。そういう感情は祖父母のほうがずっと上手に子どもに与えてくれます。

祖父母は孫の今、幸福そうな姿が喜びです。今ニコニコしているのが、祖父母にとっては最高の喜びなんです。

親はね、子どもが歯を食いしばっているのが喜びなんです。

そうでしょ、親っていうのはしばしばそういうところがあるわけです。そこに将来の夢をかけるわけです。

しつけに一貫性はいらない

親がダメと言っても祖父母がいいと言ってあげる。それがいいのです

何度も申し上げているように、子どもは家と外では違わなくてはいけないんですよ。それから、親の前と祖父母の前と違っていいんです。違わなければいけないんです。

同じ愛情じゃダメなんです。親がダメだと言っても、おじいちゃん、おばあちゃんがいいよと言ってくれればいいんです。ダメなまま終わったら、子どもはおかしくなるんです。いいよと言ってくれる人がいるんです。敢《あ》えて申しますよ。これは浅はかな行為ですから。

そうした場合に、うっかりすると皆さん、しつけに一貫性が保てないといって、おじいちゃん、おばあちゃんとケンカする人がいるんです。

子どもはね、一貫性なんかあったらたまりませんよ。保てないのがいいんですから。だから、親戚のおじさん、おばさんの家に遊びに行くし、お隣りに遊びに行くんですから。

親は明日の幸福を思っていますから、チョコレートを食べたら、歯を磨けと言うんです。おじいちゃん、おばあちゃんは、まあいいよって言うんです。お隣りのおばさんは、何も言わないのであります。だからいいんでしょう。だけど、明日の虫歯を心配するのは親だけです。隣りのおじさんやおばさんは、チョコレートをくれるだけ。それが子どもに、今の喜びをどれだけ与えるかわからない。

チョコレートを食べるたびに歯を磨かされるんだったら、もういらないという気になります、子どもはね。それは比喩的な話ですが。こういうものがたくさんあるわけです。

宿題してから遊びに行きなさい、なんておじいちゃん、おばあちゃんは言いませんよ。手伝ってやろうかなんて、手伝いもしないのにそんなことを言う。こんな難しいことを習っているのかね、なんて言ってもできないんです。だけどそう言ってやりたくなるんですね。

いろいろな愛情を知っている子どもは のびのび育ちます

みんな違わなくちゃダメなんです。一貫性なんて、本当に杓子定規《しゃくしじょうぎ》です。杓子定規ではなく、柔軟な子がいいんです。

子どもたちが入学したら、さまざまな先生に育てられます。1、2年の先生は、給食の偏食にうるさかった。3、4年の先生は、何にも言わなかった。しつけに一貫性が保てない、そんなことはありません。私たちは、さまざまな偏食を持って生きているんです。それぞれがそれぞれの味覚を持って。

宿題にはとてもうるさい先生がいたかと思うと、宿題にはおおらかな先生がいたりさまざまですよ、これから子どもたちが出会っていくのは。

家の中でも、さまざまがいいんです。

時には、お母さんとお父さんの意見が違ってもいいです。その違いをお伝えすればいい。お父さんはこう思っているけど、お母さんは違うんだよと。こういうことがあったって、ちっとも悪くないと思います。どちらも理由があるんです。その理由がわかっていくんです。

どうぞ、そんなことを大切に。

ひと言で申しますと、いろいろな人の手の中で育つといいですよ。でもただ単に、いろいろな人の手がいいと申し上げているのではないですよ。その人と皆さんが親しく交わっていらっしゃるというのが大切なんです。

いろいろな食べ物を食べている子の健康に比べれば、どんな上等な食べ物であれ、偏った食べ物しか食べていない子の体力ははるかに悪いです。心の健康も全く同じですよ。

心の健康は、いろいろな手の中で育った子どもには絶対に及びませんから。

小さいときに親以外のどんな人に出会えるか

さまざまな愛情や人間関係を子どもに経験させてあげてください

これが一番妥当かどうかわかりませんが、こういうことが通じやすい人にはこのような話をします。

例えば、子どもが小さいときから犬に会う。人なつこい優しい犬に何匹も出会ってきた。だから犬はとても好きだし、慣れているし、何の心配もなかった。で、あるとき、何かのはずみで犬がちょっと噛んだ。子どもはびっくりします。そのとき、中には噛みつく犬もいるんだと思いますよ。そしてちょっと警戒するわけです。

ところが不幸にして、最初に出会った犬に噛まれてしまった子がいたとしたら、その子から犬に対する恐怖心をなくすことは容易ではない。その後、どんなに優しい噛まない犬を何匹与えても、新しい犬に出会うたびに、この犬は噛むのではないかと思ってしまう。

これはどうしようもないのですね。最初の体験の恐さというのがある。

でも、人なつこい優しい犬ばかりに出会ってきて、たまたま何匹目かに噛まれた場合は、全く意味が違うんです。滅多に噛む犬なんかいないけど中にはいるというのと、この犬も噛むのではないかといつも思いながら出会うというのとでは。修正するというのはなかなか大変なんですよね。

ですから、小さいときの子どもがどのようにどんな人に出会うかということと、全面的に受容されるという経験をすることの大切さがあるわけです。

親だけの手で育てることの弱点

それで、もう少し別の角度から言いますと、親だけで育てるということの弱点、あえて言えば欠陥というのは大きいと思います。親以外の人と親が子どもに与える愛情は、質が違いますから。そのさまざまな質の愛情や人間関係を子どもに経験させてあげながら育てていかなければ、子どもはうんと歪《いびつ》な人格を持ってしまいます。

なぜかというと、親の愛情は基本的には親の欲望も加わっています。そして子どもの将来を思っている、という愛情がある。それは現在の幸福を犠牲にすることがあります。今こうしていたいとわかっていても、ダメです、こうしなさいと言う。勉強の時間になったでしょ、いつまでも遊んじゃダメ、やめなさい、お稽古を始めますよ、と。

これは親の愛情として自然なことです。別に勉強やお稽古だけではなくてもね。今の子どもの幸福を犠牲にしてでも、将来の幸福を与えたい。

ところが祖父母になると、そういう愛情は小さくなって、今喜ばしてあげたいという愛情がずっと大きくなります。子どもには、そういう愛情も必要なんです。どっちか一方でいい、というのはとんでもない間違いです。この間違いが多いんです。

子どもと遊べない父親

自分が親から遊んでもらっていないので、遊べないというお父さん

お父さんが子どもと遊んでくれないという訴えをよく聞きます。自分の親から遊んでもらった経験がないので遊べないとハッキリ言うお父さんもあるようです。

お父さんの好きなことを子どもと一緒にやってもらったらどうですか、と申し上げるのですが、例えばサーフィン好きのお父さんに子どもと一緒にサーフィンをやってもらうと、遊ぶというより指導になってしまうのだそうです。テイクオフが遅いとか、パドリングが悪いなどと、子どもは怒られてばかりで嫌になってしまうようです。

父親の会を持っている園では、お父さんが地域の家族ぐるみのコミュニティの要《かなめ》になろう

というコンセプトでいろいろな企画をしているそうですが、子どもと遊べないお父さんたちはそういったところにもなかなか足を踏み入れてこないそうです。

子どもを変えられる人は、子どもとの関係で自分を変えていける人

つまり、遊んであげるというより、つい指導になってしまうということですが、精神分析家のエリクソンは言うのです。子どもを変え得る人というのは子どもとの交わりの中で自分が変わり得る人だと。一方的な影響というのはないのだと。

子どもを変えることができる人というのは、自分が子どもとの関係の中で変わっていくことができる人なのです。親は親として成長発達しているときにしか子どもを成長発達させられないのです。

上から見下ろすような指導をしている人は自分は変われないのです。相手に何かをしてやるという発想では相手によい影響を与えることはできないのです。一方的にこうあるべきだといって、実際は子どもをダメにしてしまうことが多いのです。

親と子どもの関係でもパートナーシップが大切です

相手を変える力と変えられる自分への影響というものがいつも等しいという自覚がある。相手に与えるものと相手から与えられているものが等しい価値を持っている。それがパートナーシップである。そう実感できるような関係がいちばん優れた人間関係である。

——エリクソンは繰り返し言います。友だち関係も、教師と生徒の関係も、医者と患者の関係も、親と幼い子どもの関係でもそうです。

お母さんが赤ちゃんと一緒にいることに幸福を感じているときに、赤ちゃんはお母さんと一緒にいることに幸福を感じています。保育者が自分の園に来る子どもと一緒にいることに幸福を感じていれば、その子も保育者と一緒にいることに幸福を感じているのです。

子どもが自分の望むようにふるまわないからとイライラしているとき、当然、子どもは一緒にいることに幸福を感じてはいないのです。子どもからいきいきとものを学び、教えられ、変えられていることを感じる人は、子どもといることが面白いのです。相手に幸福を与えているのは自分なのだと実感できる人が幸福なのです。

お父さんも子どもと何かをしているときに、お父さん自身が変わっていく力がなければ、子どもを変えていく力にはなれないのです。

エリクソンの発想の原点であった心理療法場面に帰ってみるならば、治療者である観察者は患者を観察するのではない。患者と治療者の関係を観察するのである。『エリクソンの人間学』（東京大学出版会）などの著作のある教育人間学者の西平直《にしひらただし》さんは言います。その治療者がいなければ患者さんは別の行動をとります。別の人がいれば別の行動をとるのです。

しかも患者を回復へと向かって変えようとしながら、相手を変えようとすることが、実は同時に自分を変えることになっている。こういう意味において相手と自分との関係があるというわけです。

おもちゃ屋さんに子どもを連れて来たお父さんの目が輝いていると詠んだ川柳がありました。子どもと遊んでいるお父さんのほうがはしゃいでいる。そのお父さんの喜びを見て子どものほうも喜ぶ。子どもの喜びを見てお父さんが喜ぶ。こういう関係にないといけないというのです。

喜びや悲しみを子どもと共有する体験を少しずつ積み重ねて

子どもと遊べないお父さんに、いきなり子どもとそういう関係になれと言ってもなれません。お父さん自身が子どものときに親とそういう関係になかったからですから、お父さんの責任ではありません。仕方のないことなのです。

そうすると子どもとそういう関係になるためにはどうしたらよいのでしょうか。

1つは誰かがモデルを見せてあげることだと思います。もう1つは、誰かとの関係でお互いが楽しいという体験をお父さんにさせてくださることです。場合によっては園や学校の父親の会をそういう方向で用いるということもあるでしょう。お父さん同士が集まり合った日は、うちでひとりでゴロゴロしているよりずっと楽しかった。そういう経験をお父さんにしてもらうのです。

子どもと連れ立ってザリガニ獲りに行ってみた。子どもがザリガニ獲りにこんなに夢中になっている。父親がちょっと手助けしたらうまく獲れたので子どもは喜んだ。子どもはお父さんがいてくれることでザリガニをうまく獲れることになったと実感する。あるいはうまくいかなかったとしても、残念だったねと残念さを共有し合う。

喜びや悲しみを共有するという経験を子どもと積むことによってしか、お父さんは子どもとの遊びが楽しくなっていかないだろうと思うのです。そういう場を自分の力で持つことのできないお父さんの場合には、誰かがサポートしてあげなければならないのです。そのような場に根気よく誘うということは大切だと思います。

子どもとの関係の中で親も成長していきます

私たち夫婦も子どものことをおしゃべりしているときに、このことを子どもが小さかったときに知っていたらなあということがあります。子どもが小さかったときには私も家内も知らなかった、わからなかったということがあるのです。

あのときにこのことを知っていたらということは誰にでもあると思います。子どもが育っていくプロセスの中で自分たちも育っていくものなのです。勉強した知識だけでなくて、実際に子どもを育てる過程で身についたということがありますね。

育児や教育が完璧だという人はいないのです。

親子でも夫婦でも遊び心を大切に

お父さんのことで悩んでいるお母さんには、どんなことを伝えていったらいいのでしょうか？　という質問を受けたことがあります。

1つは夫婦の遊びがおもしろくなることがいいと思います。それが親子の遊びも面白くしていくのだと思います。私たちも家族でよくトランプをやりました。

それから「映画」という遊びもよくやったものです。部屋を暗くして子どもがぬいぐるみなどを持って演じるのです。それを大きな懐中電灯で照らすのですが、子どもはいきいきと演じたものです。演じる子どもも見ている家族も楽しいのです。

親子の遊びも、大人が楽しまなければ子どもも楽しくないのです。お母さんがお父さんと遊ぶということがいいと思います。夫婦で遊びを何か見つける。コミュニケーションを見つける。それを子どものほうにおろしていく。また、大人から子どもへということばかりでなく、子どもから習う遊びもあるでしょう。私は花札は子どもから習いました。

遊び心というのは何を媒介にするということがなくてもあります。

妻の喜びがご主人の喜びである。ご主人の喜びが妻の喜びである。夫婦にそういう感性があることが重要なのです。それが子どもの喜びが自分の喜びになり、子どもは当然それで喜びを感じられることになるのです。相手の喜びが自分の喜びになるという習慣が大切なのです。

与えることが下手な人は与えられることが下手なのです。子どもの笑顔がうれしくてしょうがないという大人が子どもに笑顔を与えることができるのです。

まずお母さんが夫に向かってそういう感情の掘り起こしをなさっていただく。成果はすぐに現われないかもしれません。一足《いっそく》飛びに上達しなければならないことなどないのです。

昨日より今日、今日より明日という小さな積み重ねに価値を見出すことが大切かと思います。

第3章

親からの質問と悩み事にお答えします

Q1

転居してから子どもが新しい幼稚園に行きたがりません。無理に行かせようとすると暴れて大変です

念願の一戸建て住宅に転居しました。

子どもは新しい環境になかなか慣れず、前のお友だちのことばかり話します。新しい幼稚園に行きたがらず、毎朝泣きながら起きます。無理に行かせようとすると暴れて大変な毎日です。

幼稚園の先生は、来れば楽しそうに遊んでいるので、何とか連れてきてくださいとおっしゃるので、一日一緒についてもみましたが、翌朝は同じことです。

今はいっそやめさせてしまったほうがいいのかと悩んでいます。

父親は単身赴任で、日曜日だけ帰ってきます。

A

「幼稚園に行ける子」になってほしいとむしろ思わないほうがいいのです

私は無理やり幼稚園においでにならなくてもいいと思います。

私は小学校を2回転校しました。家内は6年間に5回も転校したのだそうです。

なぜ昔の子どもは平気だったかというと、友だちに安心していたからです。

私たちが子どもの頃は、親は食べさせるのに精いっぱいだったのです。食べさせることで精いっぱいだった頃は、こういうことができる子になってほしいとか、ああいうことが上手になってほしいとかということがなかったので、子どもたちはのびのびしていたのです。

今でもそのようにお育てくだされればいいのです。

簡単に申しますと、幼稚園に行ける子になってほしいなどと思わないほうがいいのです。お母さんのそばにいたかったらお母さんのそばにいなさい。こう思ってくだされればいいのです。

子どもはお母さんに安心してから自立していくのですから。

児童養護施設で素晴らしい働きをされたある先生の印象的な言葉

児童養護施設で素晴らしい働きをしてこられたF先生は職員に折にふれてこう繰り返しおっしゃいました。

〈子どもたちをひとり残らずえこひいきをするように〉

今までの施設の発想は「みんな平等に」でした。それは善意からの発想です。「ひとり残らずえこひいきする」ということは、結局はみんな平等にするということです。けれども、「えこひいきせずにみんな平等に」という姿勢とは大違いなのです。同じ愛情も発想を変えることで伝わり方が違うのです。

グループで関わっているときに誰かひとりだけをえこひいきするのではないのです。どんな子どもとも1対1の関係になるチャンスはたくさんあるのです。

ぽつんとひとりブランコにのっている子どもがいたら、そこへ行ってあげる。

お当番でみんなより遅れてしまってひとりぼっちで片づけをしている子どもがいたら、そばに行って手伝ってあげる。

あるいは廊下ですれ違うそのときにほんの一言でも、心をこめて声をかける。

今だと思う機会をたくさん見つけて「えこひいき」しているうちに、子どもたちは見違えるようにしっかりしてきたのです。

周りにいる人との関係に安心できるまで急がないことです

児童養護施設の子どもは、小さいときから自分で自分の身の回りのことをするように教えられます。家庭の子ならもっと手をかけてもらっているところを、施設の子どもたちは早くからひとりでやるようになります。そうするとその子たちは家庭の子どもより早く自立していくかと言うと、そうとは限らないのです。就職しても些細なことでやめてしまうことが多いのです。

それは、自分のために手をかけてもらった経験が少ないからです。本当に安心してくつろげる場所を持てなかったからです。子どもは、安心できる居場所をしっかり持ったときに自立していくのです。誰も侵入してこない、危害を加えられる心配のないスペースを与えておけば安心できると思われたら大間違いです。

安心できる居場所というのは、提供してくれる人と安心できる関係を持てる場ということです。ですからそういう場が持てるまで、急ぐことはないのです。人に安心できるようにお育てになることが大切なのです。

誰でもいろいろな程度はありますが新しい環境は苦手です。観光旅行のように通り過ぎていくだけならいいのです。けれども住むということになると全然違います。そこの人と関係を持たなければならないからです。

新しい場所で安心した関係が持てるかどうかということは、今自分のまわりにいる人とどのくらい簡単によい関係を持てているかということをもとに、子どもは子どもなりに推測するわけです。

転園が辛いのは、そこにいる友だちや先生と交わるのに自分は時間がかかる、あるいはうまくいかないことへの怖れがあるからですね。ということは今まわりにいる人との関係にまだ怖れがあるのです。安心感が充分に育っていないのです。

そしてそれは、転入する子どもの側だけの問題ではないのです。受け入れる側の子どもの問題も実はあるのです。

自分のクラスに転入生が来たら、自分はその子とどんな関係を持つだろうかということはわかっているわけです。ということは、自分が転入していったらそうされるだろうと想像できるのです。自分やクラスメイトが転入生をどう受け入れるかということと、だから自分もどう受け入れられるかということは相関する感情です。

なぜ怖れるかということの背景をどうかお考えください。

行きたくなったら行けばいいくらいのお気持ちで

それから、ご主人が日曜日しかお帰りになれない単身赴任でお仕事をしていらっしゃるとのお話ですが、こういうときにはお母さんも不安が強くなります。そうするとお母さんは母性性を発揮できにくくなるのです。自分のほうがなぐさめられたい、癒されたいという気持ちがあるからです。お母さんご自身が他者の母性性を求めているということがあるからです。

ご主人とお電話をゆっくりなさってもいいと思います。それがよいと思われたらいつもより電話料を多めにお使いになってもいいのではないでしょうか。

このご質問にひと言でお答えするとしたら、お母さんのそばに、思いきり気がすむまでいていいのですよ、こう言ってあげることです。幼稚園時代に充分そうしてあげてください。思いきって幼稚園をやめさせる必要もありません。休みたいだけ休んでいればいいのです。そして行きたくなったときに行けばいいのです。

「お母さんも○○ちゃんのことが大好きだから、そばにいてくれるとうれしい」

こう言ってあげてください。幼稚園は行きたくなったら行けばいい。こんなふうな気持ちがいいのではないかと思います。

Q2

子どもの将来を考えると不安です。非行に走らない育て方をしたいのですが……

子どもを育てていくうえで、わが子の将来について不安になることがあります。

いま学校では不登校の子が増えていると聞きますし、少年非行やいじめによるひどい事件も起きています。

そこで、子どもが不登校や非行に走らないための幼児期の育て方について教えていただきたいと思います。

何をいちばん気をつけたらいいのでしょうか。

親があまりお膳立てをしすぎると、子どもの自立が遅くなります

子どもというのはあまり親がお膳立てをし過ぎると、決められたコースしか歩めなくなるようです。そして、周囲の評価に対して過敏に反応しがちになります。自分の基準ではない、他の人の基準で行動するようになるのです。当然、自立も遅くなりがちです。

小さいときは親が友だちを選別せず、いろいろな子どもと遊んで多様な人間関係を体験させる

ところで、東京大学保健管理センター（現・東京大学保健センター）の教授だった山田和夫先生が近頃の大学生を〈ふれ合い恐怖症〉と呼んでいます。ご本もお出しになりました（『新版「ふれ合い」を恐れる心理』亜紀書房）。浅いつき合いなら無難にこなすが、深い共感を伴ったつき合いになると不安になり、相手から逃げ出してしまうというのです。

この頃は安心して接触のできる友だちが少なくなっているようです。家族以外の人がいると落ち着かないという子どももいます。そこで私は友だち選びについては原則として幼児期、学童期は選別しないほうがいいと思います。いろいろな子と遊ぶことは多様な人間関係が学べるよさがあります。

中には近所で必ずしも評判のよくない子もいるでしょう。その場合は、わが家に呼んで遊ばせてあげてはどうでしょう。その子と遠出をさせるのではなく、親の気持ちの届くところがいいと思います。

やがて中学生になって徐々に自分を客観的に見つめる時期を迎えると、相互理解し合える相手を見つけるようになります。すなわち、しだいに特定の相手としかつき合わなくなります。ですからその頃になって、子どもに「ああいう友だちとは、つき合わないほうがいい」と言っても無理でしょう。それまでに、そのような友だちと共感し合えるように育ってきたのですから。

子育て中は親のほうも積極的にコミュニケーションを

人とのコミュニケーションやふれ合いを求めてほしい

悪い仲間は本来、子どもが小さいときにはいないものです。悪い行為というのは、その子にどういう環境を与えるかで決まるからです。

幼児期から小学校低学年にかけては誰とでも遊ばせたいものです。また、広く親戚の人との年齢や性の差を越えての交流もぜひおすすめします。いとこ同士の関係は、とくに安心できるものです。そのうえで、いろんな人と地域での交流も、ということです。

親が人間関係をわずらわしく感じたり、気苦労に思ったりすることもあるでしょうが、子育て中は積極的にコミュニケーションやふれ合いを求めてほしいと思います。〈ふれ合い恐怖症〉の予防には、幼児期や学童期にできるだけたくさんの仲間と感動的なふれ合いを経験しておくことが大事です。

Q3

まだ幼稚園なのに、先のことに不安が強すぎるひとり息子が心配です。「小学校には行きたくない」と言っています

ひとり息子です。夫も育児に協力的で私も子どもを愛しています。子どものことを考えて幼稚園も遊びを重視した園を選びました。

最近息子は「小学校には行きたくない」とか、「大地震が起きたらボクたちはどうなるの？」など、起こらない先のことに対しての不安を抱きます。

「絶対守ってあげるから」と子どもにはいつも伝えているのですが、そういった子どもに対してどう接したらよいでしょうか？

A

「そんなことはないよ」「大丈夫だよ」と軽く答えるだけでいいのです

お子さんともう少し距離を置いてお育てになってはいかがでしょうか。お母さんが一生懸命すぎるように感じます。

「予期不安」というのは、自分のことを心配してくれる人がそばにいすぎる場合に多いです。心配しすぎているのではないでしょうか。3人も4人もお子さんがいて、忙しくて手や目が行き届かないというほうが、予期不安はない子に育っていきます。

そばでやいやい言いすぎない。親子の関係には「適切な心理的距離感」が必要

「そんなことないよ」と軽く答えるのでいいのです。一生懸命お答えになるのはかえってダメです。物理的ではなく心理的な距離をもう少し置いたほうがいいでしょう。気持ちがお子

さんに入りすぎてしまっているのかもしれません。

いつもご紹介するのですが、相田みつをさんの詩に「遠くから見ている」や「そのままでいいがな」という詩があります。これを実行されれば子どもは大抵育っていきます。

欠点まるがかえで、そのままでいいんだと言ってあげる。こうなってほしいという気持ちは待っていてあげ、そして遠くから見ている。

育児に失敗する人は、そばでやいやい言いすぎる人です。物理的にはそばにいてくれれば子どもは安心できます。口うるさくなく、過度に心配しないことが大切です。心配性な人にそばにいられたらたまりません。心配性でない人にそばにいてほしいのです。

自分が心配性かどうかは、自分では判断できません。ですからいろんな人と交わっていると、自分がみんなとどこが同じで、どこは違うかもという点がわかってきます。親しい人を作っていくのも大切なことです。

親と同じ考えの人などひとりもいません

それからお母さんだけで育児をしていくのではなく、お父さんも、夫婦ふたりでも決定的に不足ですから、祖父母も、近所のおじさんおばさんも、親戚のおじさんおばさんも、みんなそれぞれが違った味わいを持っていますから、親と違った価値観で育ててくれます。

親がダメと言っても、おばあちゃんはいいよと言ってくれることがいいのです。お父さんがダメと言っても、おじいちゃんがいいよと言うと、しつけができないなんて言う人がいますが、とんでもない間違いです。

園や学校に行って、親と同じ考えの先生なんてひとりもいません。今度の先生はこういう先生で、前の先生はこういう先生だった。でもお父さんやお母さんはこうだし、おじいちゃんやおばあちゃんはこうというさまざまな価値観や文化や考え方を持った人に接していくから育つのです。

ですから親だけで育てた子どもは社会的不適応が多いです。そういうことも大切にしてください。影響を与えすぎず、心理的に遠くから見ていてあげてください。

Q4

家ではすぐ口答えするのに、園では友だちに何も言い返せません

5歳の子どものことです。家では何か言えばすぐ口答えをして、私もつい本気で言い返してしまいます。

ところが幼稚園では、乱暴されても何も言えない、年下の子にぶたれて泣かされるという状態です。

先日、たまりかねて、「やられたらやり返しなさい！」と言ってしまいました。

そうしたら、「みんなお友だちだからできない」と言うのです。

このままだと小学校に行ったらいじめられっ子になるのではないかと心配です。

A

友だちを失ってしまうことが恐い子どもたち

ご相談のお子さんばかりではなく、友だちに何も言えない子どもというのは、激しい復讐を受ける、あるいは友だちを失ってしまう怖れを持っていることがあるのです。友だちを充分に信じることができていないということです。

「やられたらやり返しなさい」と言われてもやり返せないのです。子どもは仲間を、人を恐れているわけですから。

今日《こんにち》、こういうことは大学生にもあるのです。一見親しくしているように見えますが、半分怖れながらのつき合いなのです。仲間はずれにされたら大変だという怖れです。

一見、協調性がよいように見えるのですがオドオドしているのです。ひとりになるとほっとする。けれども友だちから離れてしまうことが恐いのです。友だちを失うことが恐いのです。友だちを本当に信じることはできていない。安心してつき合うことができない。そばにいてくつろぐことができない。

友だちに何か言われても言い返せるというのは、友だちを信じることができるということです。もちろん、より信じることができる友だちとそうでもない友だちと出てきます。けれども基本的なところで人を信じることができる。そういう感情を、乳児期から幼児期にかけてしっかり身につけることが大切なのです。

お母さんは子どもに本気でぶつかってはいけません

お母さんはお子さんに本気でぶつかってはいけません。本気でぶつかっていいのはご主人だけです。

何かにつけてお母さんという言い方をしますが、本当にお母さんは大切なのです。けれどもお母さんはひとりではこのことを負えないのです。ひとりでは負えないのですが、役割はお母さんなのです。背景に、ご主人や友人やご自身の育った家庭があって、お母さん自身が安心していられると、お子さんは安心してものが言える、友だちが作れるのです。

ですからお母さん自身が、ご主人やまわりの人から大切にされながら、まわりの人を大切にしながら、生きていらっしゃることがとても大切です。

もしお母さんご自身が今ひとつ大人になりきれていないというようなところがあるとしたら、お母さんご自身が充分にやすらぐ経験が不足されているのかもしれません。

お母さんご自身が、ご主人との関係で、できれば地域社会で、保育園や幼稚園や学校の保護者との関係で、いろいろな人とのあいだでくつろげる、やすらげるよい関係を作っていかれるとよいと思います。

いじめられやすい子ども、いじめたくなってしまう子ども

もちろんいじめることは絶対悪いのですが、いろいろな子どもに出会ってきた経験で言えば、やはりいじめられやすい子というのはいるのです。いじめたくなってしまうような子がいるのです。その子に非があるというわけでは決してないのですが、仲間の中でうまくふるまえないのです。ある種の自主性を失った状態になっているのです。

保育園や幼稚園であろうと、学校であろうと、一般社会であろうと、被害を受けやすい人がいるのです。どんなに防衛していても、配慮をしていても、被害を受けるということはあり得るのです。それは一種の社会性の問題なのです。３歳児なら３歳児、５歳児なら５歳児の社会性というものがあるのです。そしてそれは少年や青年や成人も同様です。

社会性というものは、基本的なところでは人間関係を背景にしてできるのです。さらにその人間関係の背景にあるものは信頼関係です。信頼関係というのは、相手を信じることがで

きますかということです。相手を信じることができる人しか、人から信じられることはできないのです。相互関係ということをしっかり認識くださるといいと思います。

人は人と仲良くすることなしには健康には生きられないのです。

自分が誰かのために役に立っているという実感がなければ、幸福には生きられないのです。自分の幸福だけを追求しても絶対に幸福になれないのです。どんなに快適な場所を求めても、困難を避けて生きても、喜びに出合えることはないのです。

みなさんは今、どんな困難を納得して引き受けようと思っていらっしゃいますか。どういう努力の中に生きがいを見出すことができますか。

子どもを育てるということは最高に価値の高いことです。あらゆることを犠牲にしてもする価値のあることです。私はそう思っています。

Q5

衝動的で誰にでも話しかけ落ち着かない女の子です。手先は器用だと思います。医師に診断してもらったほうがいいのでしょうか

４歳の女の子です。母親との日常会話に不自由はないのですが、衝動的で刺激に影響されやすく、泣いている子どもを見かけると、場所や状況がどうあろうと、とんで行って「どうしたの?」と声をかけます。人見知りをせずに誰にでも話しかけます。手先は器用ですが、落ち着きがないので、ＡＤＨＤの傾向があるのかなと感じています。

間違った教育、養育をすることで人格を破壊してしまうのではないかと心配です。この子に合った保育園・幼稚園選びなど、自分だけで判断できないことが今後でてくるかもしれません。医師に診断してもらったほうがいいでしょうか。また、親としてどんなことをしてあげたらいいのでしょうか。

Ａ

うかがう限りでは、問題は軽いのではないかと想像できますが……

本来はお子さんをしっかり拝見してお答えするのがベストだと思いますが、今のお話の範囲内でどのようなタイプのお子さんかと想像すると、お母さんとの日常会話にも不自由がないということなどからも問題は軽いのではないかと想像できます。けれども軽いかもしれないのですが、お母さんは場面場面でＡＤＨＤ（注意欠如／多動性障害）の特徴を感じるということですね。

ＡＤＨＤと高機能自閉症というのはひとつの連続体（スペクトラム）でありますから、高機能自閉症のごく薄い軽いタイプなのかもしれません。

どこかで一度ご相談になられるのがいいでしょう。上手な援助と介助があれば、高い能力を発揮できますよ

自閉症の人には全く孤立した孤立型と、言われたことは言われたとおりにやるが、積極的にはできない受動型と、積極的にいろいろやるが、やることが奇妙な積極型があり、お子さんはこの積極型の兆候が少し感じ取れます。

自分の関心のあるところへ行き、この人に話しかけたらどうなる、といった区別がつかないのです。例えば、駅のプラットホームで、「おじさんは恋愛結婚ですか？」などと、相手のことを突然聞いてしまったりします。

言っている言葉は正確で、親しい人であれば面白い会話になりそうですが、この会話はどの人とは成り立ち、どういう人としたら不自然になるかという判断をすることが難しいのです。学習障害（ＬＤ）やＡＤＨＤ、高機能自閉症という人の中で、こういったことが重症の人は、すべてに戸惑うので孤立型になるのです。

少し軽い場合には、言われたことは理解できれば実行できるが、自分からは積極的に行わない受動型になります。さらに軽い場合、できること、やれることがあるのですが、ぴったりはまるときと全く場違いになってしまうことがあります。

今ここで、あれやこれや申し上げられる問題ではありませんが、どこかで一度ご相談になるのがいいでしょう。上手にお育てになれば本当に楽しい子になりますよ。こちらからは修正する必要はありません。上手な援助と介助があれば、本当に高い能力を発揮できます。

シングルフォーカスと言われ、基本的には関心や興味の幅が狭いですが、能力が突出することがありますから、そういった喜びもあります。

どういった子どもがほしかったではなく、こういう子が生まれたから、この子をどう大切に育ててあげるかということを考え、育てていくのがいいですね。

Q6

娘は幼稚園のときから皆とお弁当を食べられず、小学校でも給食を一口も食べられません。毎日学校へは行っているのですが……

小学校1年生の子どもです。幼稚園の頃、みんなと一緒に食事がとれず、別の場所を用意してもらって食事をしていました。

おゆうぎの発表会では舞台に上がっても、動くことも歌うこともできませんでした。家ではちゃんと踊れますし歌も歌えました。

小学校は休み時間が楽しいと休まず通っていますが、給食はまだ一口も食べていません。スクールカウンセラーから強迫神経症の傾向があると言われました。

娘がこのようになった背景に、小学校受験を考え早期教育をしたことがあるかもしれません。

最近は授業中に発言したり、少しずつですが元気になってきているので、できるだけ友だちと遊ばせるようにしていますが。

今後どのようにしていったらよいでしょうか。

A

子どもが家庭の外で安心して過ごすために必要なこと

英国の小児科医、ドナルド・ウィニコットは、子どもはどのようにして母親から離れて外でいきいきふるまうことができるようになるのかを研究しました。

ウィニコットによれば、幼い子はお母さんが自分のことを全面的に受け入れてくれているという愛情を実感すると、お母さんとの関係の中で、「安全感（feeling of security）」を発達させていきます。

安全感がしっかりするにつれて、子どもは自分の周囲に「安全空間（space of security）」を作ることができるようになります。その心理的な空間を子どもはどんどん広げていき、そこに人が入って来ても大丈夫になっていきます。これが園や学校で適応するということです。

母親の絶対的な愛情を確信してできる安全感をもとにして、子どもは周囲に安全空間を作り、広げていくのです。これが園や学校という社会に出ていくために必要なプロセスなのです。

お母さんとの関係で思いきりくつろぐことから

ウィニコットの言葉を借りれば、このお子さんはまだ安全空間を作ることができていないのです。安全空間が作られるためには、お母さんとの関係の中で安全感が充分に育たなければならないわけです。お母さんとの関係で思いきりくつろぐことが必要なのです。

子どもがお母さんとの関係の中で本当に充分くつろいでいるかどうかは、外の人間関係の中でのくつろぎが示してくれることになるのです。

園で朝お母さんから離れることができる子は、安全空間を持ち歩くことができているのです。そこに友だちが入ってきても、保育士さんが入ってきても平気なのです。それが言ってみれば親離れです。親離れにもっとも重要なものはお母さんへの安心です。

朝、お母さんからなかなか離れられなかった子ほど、お母さんが迎えに来てもとんで行くということがないのです。新人の保育士さんは不思議がります。あれほど離れるのを嫌がった、そのお母さんが迎えに来たというのに出てこないのです。お母さんは玄関で「早く来なさい」と言っているのに、奥のほうでおもちゃで遊んでいるのです。

朝あっさり離れた子どもはお母さんが迎えに来るととんで行きます。ウィニコットは見事にそこの子どもの心理を読み取りましたね。お母さんに安心できるからお母さんから離れられるのです。その安心できるお母さんが迎えに来たからとんで行くのです。

しっかりさせようと思わないほうがしっかりしていきます

強迫神経症の傾向があると言われたということです。強迫というのは、せずにはいられないという強く迫られるような気持ちの状態です。こうしなければ気がすまない。過度に完璧を求める。子どもが強迫的だというとき、ご家族にそういう人がいることが多いのです。人は不安になると強迫的になります。口うるさくなります。それは仕方がないことです。お母さんがゆったりなさることが大切です。お母さんがゆったりなさらなければ子どもをゆったりさせてあげることはできないのです。

こうしなければ、こうでなければ、お子さんの将来を思ってのことですが、それが過度な場合、それはご自分の不安の投影なのです。お子さんも不安の強い子になります。

親との関係で思い切り安心してからでしか、子どもは離れていけないのです。心から安心してくつろげる家庭から子どもは社会に踏み出していくのです。

こういうお子さんはくつろがせてあげるといいのです。しっかりさせようなどとは決して思わないほうがいいのです。そのほうがしっかりしていきます。

Q7

かんしゃくをすぐ起こす息子が心配です。私もカッとしてすぐ手をあげていたのをやめたら少し落ち着きましたが……

7歳の息子は小さい頃から短気で、かんしゃくをすぐ起こしていました。私はすぐにつられてカッとしてしまい、怒鳴ったり叩いたりしてしつけてきました。

けれどもこれではいけないと思い、少しずつ手をあげることをやめ、今では叩くことはほとんどなくなりました。すると息子も落ち着き始め、自制もだいぶできるようになりました。

しかし、「カッとなると何がなんだかわからなくなる」と話したり、カッとなって「オマエ！」と怒鳴ったり、人物像を描く図工の時間に戦闘シーンを何枚も描いたりと、学校生活で問題があると担任から話を聞き、とても心配になりました。

友だちとはケンカも多いですが、仲良く遊んでいるように見えます。

親には「オマエ！」とまで言いませんが、それなりに文句を言ったり、わがままを言ったりしていると思います。親に向かってとれない態度を先生に向かってとっているのでしょうか、教えてください。

A

お母さんが自制なさることによって、子どもも自制できるようになります

短気でかんしゃくを起こすお子さんで、お母さんも一緒になって怒鳴ったり、叩いたりしてきたということですね。そうすると、子どもも同じ相談をしたいのではないでしょうか、僕の親はすぐ叩くんですすと。

子どもが先かお母さんが先か、どちらが先だかわかりませんが同じですね。ただお母さんはこのままじゃいけないと気づかれた、それは大変素晴らしいことですね。そして少し落ち着いたわけですね。

感情の起伏の激しい子どもは特に叱りすぎないことが大事

友だちとはケンカも多いですが仲良く遊んでいるとあります。ここは少し難しいところで

すが、良いときは良くて、悪いときは悪いというように、感情の起伏が激しいのかもしれません。こういう子どもこそ叱りすぎないほうがいいですね。

お母さんはこれではいけないと気づかれ、叱ることをやめた。すると子どもは落ち着いて自制することも覚えた。

簡単ですね、お母さんが自制されたのです。お母さんがこれではいけないと自制されたことにより、本人も自制するようになってきたわけです。それでいいと思います。

ご家族で叱って教えることは何ひとつないでしょう。何か悪いことをして教えることは必要ですが、叱りながら言う必要はないですし、同じことでもどういう表現で伝えるかによって決定的に違いがわかったことでしょう。

思ったことを何でも言える人など大人だっていません

親に向かって言えないことや、とれない態度を先生に向かってとっているのか、と質問にあります。きっとそうだと思いますし、逆に先生に言えないことを親に言うというのもあります。

人間はみんなそうですね。会社では言えないことを帰宅して言うんです。家では言えないことを会社で言うんです。奥さんにしか言えないこと、旦那さんにしか言えないこと、飲み仲間にしか言えないこと、奥さんには言えないこと、みんなそうなんです。どこででも真っ正直に思ったことを何でも言える人間はいないんです。

親である自分自身を考えればわかることだと思いますが、親は何でも言える子を期待してしまうことがあります。子どもはお母さんには言えないことがあるのです。言えない理由にはいろんなことがあります。お母さんを怒らせたくない、お母さんを悲しませたくない、あるいはお母さんには言わないほうがいいという愛情の場合もありますし、お母さんへの恐怖の場合もあります。

もしどこででも思ったことをしゃべっている人がいるとしたら、極めて鈍感な人で、他者に対する気遣いや配慮、人の気持ちを読みとる力が全くない人です。

あんまり詮索なさらなくていいと思います。どういう気持ちでその子がそんなことを言ったのかということより、家庭でくつろがせてあげることです。

子どもにとって家庭が癒しの場、くつろぎの場であるための工夫を

私の子どもたちはもう大人になりました。私の家庭の育児が完全に正しかったかといえば、そんなことはありません。今思い返せば、あのときああしたほうがよかった、なんてことは

あれこれあります。ただし、ともかく家庭を癒しの場、くつろぎの場にしてあげようと思っていました。

端的に言えば、親が喜ぶようなことをしてくれたときは「ありがとう」とか「おめでとう」とか「よかったね」と言葉をかけました。そして親が悲しむようなこともありました。

３人の男の子がいましたから、どの子にもいろんな程度に、学校や地域社会でとんでもないことをしでかしたことがあります。子どももやってしまったあとに後悔し、親に叱られるかも、親を悲しませるかもと感じていたと思います。

子どもが本当に助けを求めているようなことをしでかしたときこそ、保護者の一番の出番だと私は思います。子どもからすれば親の面子を潰し、親の世間体に水を差してしまったとき、親がどれだけ受容してあげられるかが親の度量です。

わが家ではやや意識的に、立派なことをしたときのお祝いは、わずかしかしませんでした。おめでとう、よかったねと一言くらいの気持ちでした。しかし、とんでもない失敗や、悪意がなくても結果として悪さをしてしまったとき、最善を尽くし試験に失敗したとき、そういうときのなぐさめはわが家では大きかったです。一番困っている人を応援するのです。

病気でも同じで、子どもが病気になればみんなで応援しますし、親が病気になれば子どもたちが応援してくれました。

そして子どもが小さい頃に言い聞かせました。

「困ったことがあったり、失敗をしたり、とんでもないことをしでかしたと思ったら、急いでおうちに帰ってきなさい」

これも、家庭がやすらぎであり、くつろぎの場であるひとつの方法です。

弱い人は譲れない。強いほうが譲るのです

子どもには子どものプライドがあり、子どもの気持ちがあるのです。自分の気持ちを考えればわかることです。誰にでも何でもしゃべったりすることはありません。それを認めてあげてください。

親に向かって言えない言葉や態度を先生に向かってとっている、それはその通りでしょう。親の前で言えるようになれば、先生に向かっても少しずつ言わなくなり、やがてどちらにも言わなくなるでしょう。どちらかで言っているときは、まだこの子は言わなくてはならないのだとご理解ください。

この子はまだバイクで暴走しなければいけない、この子はまだ引きこもらなければいけない、この子はまだリストカットしなければいけない、こういうことなんです。

ほとんどの人は、そうしなければならないからしているんです。会社の帰りに居酒屋に行って深夜帰ってくるのを、立派だと思ってやっているわけではありません。そうしなければな

らないのです。では、どうすればそういったことが減るのか、お母さんだけが一方的に我慢するのではなく、お父さんの我慢できるところ、子どもの我慢できるところ、そのバランスを考えられるのが家族なのです。

どちらも我慢しにくいような問題があった場合は、強いほうが譲るのです。

子どもよりお母さんのほうが強いと思えば、お母さんが譲るんです。それが一方的に譲るのか、何対何で譲るのか、強さで決まるのです。能力の高さや自制心の高さなど、いろいろなものによって決まるのです。弱い人は譲れないのです。

大雑把に考えたほうが、ものごとの本質が見えることがあります

比喩的になりますが、人間対人間、親と子などそれぞれ個人対個人で考えると、かえって難しくなることがあり、大雑把に考えたほうがものの本質が見えやすいことがあります。

大きな発展した国が、発展途上国を保護します。保護だけしているうちは、発展途上国はどんどん発展していきます。それが干渉されると、発展途上国はその分発展を抑えられます。何が抑えられるかというと、自立を抑えられるのです。

大国はしばしば、保護という力を発揮させながら干渉し、自分が望んだようにねじ曲げよ

うとし、自立、独立をさせないようにします。抑圧され委縮してしまい、一定の限度を超えると爆発し、独立運動や革命が起きたりすることもあります。

親も子どもに抑圧や干渉をします。不登校や引きこもりは本人だけの問題ではありませんが、保護者の抑圧も関係しています。しかしそれに対しさらに抑圧や干渉をすると爆発します。指導や教育という名目であっても度を過ぎれば抑圧であり干渉であり、子どもは委縮してしまい自立を妨げられ、その度合いが大きくなると爆発してしまうのです。

国と国、人と人、まったく同じことです。保護だけしてあげることが、いかに相手の自立を促せるかがわかると思います。

家庭をくつろぎの場にしてあげることです。教育者ではなく保護者として癒しの場を与えてください。

Q8

息子に多動や注意欠如の傾向があります。親のかかわり方で変われるものでしょうか

息子がひとりいます。小さい頃から落ち着きがなく、ときに衝動的で注意力に欠け、何度もきつく言ったり、ときに手を上げたりしてきました。私自身、してはいけないことは叩いて育てられたので、危ないことはそうやって教えてきました。

けれども、先生の本と出合い、息子は多動性や注意欠如があるのではないか、私がしてきたことは間違っていたと気づきました。専門の先生に診ていただこうと思ったりしましたが、感受性も強い子なので、心を傷つけないだろうか、また私のかかわり方で変われるのだろうかと迷っております。

もし障害があるのであれば、専門の先生に診ていただき、ご指導いただいたほうがよろしいのでしょうか。私自身のかかわりで、何かできることがあるのでしょうか。主人は、息子の動きにイライラし、なかなか理解しがたいようです。

A

こういう体質のお子さんは、何をおいても叱らず育てることが大事です

文面から拝見する限りは、程度が軽いか重いか別として、もしかしたらＡＤＨＤ（注意欠如／多動性障害）と言われるタイプのお子さんかもしれません。それはそんなに心配してあれこれ思われなくていいですが、多少そういう体質があるということです。

「多動性」「注意集中の困難性」「衝動性」、この３つが揃いますと、ＡＤＨＤというように、小児神経医学、児童精神医学の臨床医は診断します。

じゃあすぐにどうしたらいいか、ということではないんです。どんな薬を飲めば、ということでもないと私は思います。

神経のしくみが不器用だと思ってくださればいいです

簡単に言いますと、こういう子どもたちは不器用です。神経の仕組みが不器用だと思って

くださるといいです。指先とか、全身の運動とか、そういうのが不器用な点があります。それから人との関係も不器用な点がありますね。何をおいても叱らないで育てることです。

本来の持っていらっしゃる問題よりは、何度もきつく叱ってきたと書かれていますから、やや程度を悪くしたということがあるかもしれませんね。

感受性が強いとおっしゃいますが、感受性が強いというのは、不安と背中合わせの特徴です。だから夜道が恐い、夜道が不安ですという人は、歩いているときに感受性が強くなっています。些細な音にビクッとします。昼間同じ道を歩いていても何も感じないのにね。人間は不安が強くなると感受性が鋭くなるのです。

ですから芸術家というのはしばしば、不安の強い人でもあります。いいとか悪いとかではなく、そういう両面があるんです。不安のほとんどない人は芸術家になれないですよ。いつも安心して、のほほんと生きていますからね。悪く言っているのではなく、誇張して言っているんですよ。

ダメなことはダメと言いながら、叱らないでいただきたい

何をおいても叱らないことです。ＡＤＨＤのお子さん、ないしその関連のお子さんは叱ら

ないことです。時々、体質が似たご両親がいらっしゃることがあります。一種の体質ですからね、これは。この文面でうかがう限り、ご主人がそうかもしれません。能力がないわけではないですよね。能力はお持ちだと思います。ご主人の衝動や感情のコントロールが少し下手なように拝見しますよ。

　でもそんなことを言っても仕方がありません。ご主人に苦情や文句をあまりおっしゃらないほうがいいと思います。そして何よりも、この子に苦情や文句を言わないであげてください。

　勉強会でもかつてこんなことをお願いしたことがありました。１週間で結構ですから、子どもを一度も叱らないでみてあげてください。ＡＤＨＤの子どもじゃなくても、すべてのお子さんです。たった１週間でいいですから、絶対叱らないでと。好き放題させるという意味ではないですよ。こんなことしちゃダメですよ、とは言うんです。こうしなきゃいけない、ということも言うんです。

　でも、それを怒りながらしか言えない人がいるんです。その人も相当ＡＤＨＤかもしれないですよ。ダメなことはダメです、と言うんです。そう言いながら叱らないであげていただきたいと思いますね。

否定的ではなく肯定的に伝える

1週間一度も叱らなかったら、もしかして1か月一度も叱らなかったら、どんなふうに変わりましたか、変わりませんでしたかということを教えてください。それだけでどんなに意味があるかと思います。かなり成果がありますからね。

ですからこういうお子さんの場合は、しばしば若いご両親よりも、おじいちゃん、おばあちゃんのほうが育児が上手なことがありますよ。協力してもらってもいいです。

それから、この子たちはものを聞き分ける力は弱いです。ものを見て覚える、学ぶ力は強いです。けれども、相手の言うことを聞き分ける力は弱いです。そして語りかけられることがあまり好きじゃないです。

授業中も気が散ったりします。でも先生が板書したりすると、ちゃんとそれをよく見るんですね。ですからこういう子どものことをよく知っていらっしゃる先生は、ただ話ばかりをするのではなく、大切な節々をちゃんと黒板に書いてくれたりするんですよ。

お宅では言葉は短く使ってくださるほうがいい。それからこんなことしちゃダメ、という言い方よりは、こうしたほうがいい、という言い方をしてあげてください。ダメだと言ったら、どうすればいいのかを、短くわかりやすく伝えてあげてください。

できる限り物事は肯定的に伝える、否定的には伝えない。叱らない。こういうことだけを注意してあげてください。大切なことは紙に書いて貼ってあげてもいいですね。

Q9

園から姪が自閉的な傾向と言われたのですが、親は園の教育が悪いと言っています

幼稚園児の姪のことです。集団遊びがあまりできず、背の順で並ぶときも集団から外れてしまったりします。鉄道が好きで駅名などに詳しく、国の名前や首都などもたくさん言える一方、運動に関してはバランスが悪く、私は高機能自閉症ではないかと感じています。

園からは自閉的な傾向にあるかもしれないと伝えられたそうですが、親はそのことは認めずに、園の教育がおかしいのではと言っています。

この姪っ子に私はどのようにかかわれるのでしょうか。

ただ見守るしかないのでしょうか。心配です。

A

周りがどう受け入れているかによって、適応・不適応は違ってきます

口を出せるか、見守るしかないかは、相手の性格によるでしょう。お話をうかがう限りでお答えすれば、高機能自閉症なのかもしれません。

鉄道を愛する高機能自閉症の子どものサークルを知っていますが、鉄道に関してとても詳しいです。この子たちは決まっていることを覚える力がとても強いです。ですから能力が高く見えることがあります。

学校の低学年の頃は、決まっていることを覚えるのが勉強の主たるものになります。漢字や計算など答えが決まっていることを覚えるのです。ですが、作文を書くような時間があると大変苦労し、どう書いていいかわからなくなります。

たくさん漢字を覚えていて自由におしゃべりができて、算数の計算もすばやくできて、世界中の国旗も覚えているのに、どうしてこんなに内容の乏しいことしか書けないのかと思ってしまいますが、答えの決まっていないことになると途方にくれてしまうのです。視覚的な

ものや答えや法則が決まっているものは、自閉症の人はたいへんよくできるのです。問題が起きるか起きないかは周囲の協力によります。高機能の程度よりも、その人の自閉症の程度、それから周りがどれだけ受け入れてくれるか、先生がどれだけ理解されるか、そういうことによって適応・不適応度は決まってきます。

本当はきちんとこういう子どもだと伝え、みんなで協力し、普通学級だけがいいのかなど、きちんと決めていくのがいいと思いますが、保護者の気持ちにもよりますね。

無理矢理みんなに合わせようとされるのが子どもにとっていちばん不幸です

こういう子どもは不幸になる確率が高くなるというわけではありませんが、過去にいくつか不幸な事件がありました。

この子たちが事件を起こしやすいのではない、ということを前提にしてお伝えしますが、〝無理解〟がそうさせたのです。

ある子どもの例では、幼稚園で診療相談を受けたほうがいいとお伝えすると、お母さんはその園をやめさせてしまったのです。その他さまざまなことは知りませんが、無理解の中で子どもはつらいことがたくさんあったと思います。事件が起きてからお母さんは自分が

100%悪かったと言いますが、そんな段階では遅いのです。そこまでいかないときに、ちゃんとわかって理解してあげなくてはいけなかったのです。

この子たちは自分でみんなに合わせる力は弱く、周りが自分に合わせてくれると能力を発揮することができます。

たったこれだけのことですが、それが大きな問題になるのです。自分はみんなに合わせられないのに、無理矢理合わせようとされる。そのときに人格まで壊れてしまうのです。

子どもに合わせて親の要求を柔軟に調整できるのが本当の愛情です

この子たちは勉強はできますが、人間関係その他のことで実に悩んでいます。そしてその苦しみに、親がもっとも気づいてあげていないことがあります。親は子どもを心配し一番愛していますが、一番自己愛でもあり、結局、子どもを心配しているのか、自分のことを心配しているのか区別がつかないことがあるのです。

子どものことを本当に思い、この子は特別支援のクラスのほうが学びやすいと思えば、お父さんお母さんは普通学級に行ってほしいけど、この子のために支援のクラスに通わせるということを悲しいと思わない、それが愛情です。

ですが、「普通学級に行かないなんて、親としてプライドが許さない」といったときに、子どもを歪《ゆが》めてしまうことになります。現代の保護者にはそういう傾向が多いのです。

子どもに合わせて、親の要求を自在に調整してあげられるのが本当の愛情です。

今、叔母である質問者の方に、あなたはこうしなさい、ああしなさいと、私からはとても言えませんし、たとえ言ったからといって難しいことがあるでしょう。

学校に入学して何か些細なことがあったときに、一緒にお考えになるのがいいかもしれません。

Q10

子どもがＡＤＨＤです。毎日叱ってばかりです。どうしたら叱らなくなれるのでしょうか

ＡＤＨＤの子どもを持つ母親です。
すぐに子どもを叱ってしまい、自分の心が抑制できません。
自己嫌悪です。
どうしたら怒らなくなれるのでしょうか。
何とかしたいです。深刻に悩んでいます。

A

叱らずに注意だけするのは大変な忍耐と努力を要しますが、親の我慢と自制がないと、この子たちはもっと苦しむのです

まず、お母さんがひとりで悩んだりしているのは、人間の精神保健にとってよくないですね。人と一緒にいるのがいいです。ですが、ストレスがたまるような人といつも一緒にいてはいけません。一緒にいるとくつろげて、やすらげる人をお持ちになるのがいいでしょう。

趣味や地域の集まりでもいいですし、ご夫婦でご一緒にいてくつろげればそれが一番手軽でいいでしょう。

ムダ話ができるような人と一緒の時間をお持ちください

人生は一年中楽しいことばかりではありませんね。辛いことも、苦しいことも人生にはあります。「お前が悪い」「あんたが悪い」ではなく、悲しみを分かち合うのです。そして、もっと大事なのが喜びを分かち合うことです。

友だちでもいいですが、これがないと人間の精神状態は安定していかないと私は思います。

ですからご近所は大切です。ムダ話は一見ムダに見えますが、ムダではないのです。立ち話をしたり、地域でコミュニケーションがとれている状態がいいのです。

落ち着きのない子に口うるさく言うと余計落ち着きがなくなります

一般的に落ち着きのない子どもというのは、あれこれ言われると余計に落ち着きをなくします。口うるさい人が近くにいてはまず、よくはなりません。落ち着きのない子どもがいたら、元の原因はどうであれ、口うるさくあれこれ言わないことです。そして叱らないことです。

叱らないとは、好き放題させるという意味ではありません。

「こんなことしちゃダメでしょ」と言うときは、おだやかに声をかけてください。

叱らないでください。叱れば叱るほど落ち着きはまとまりません。

長々と言わず、なるべく短い言葉でおだやかに優しく言ってください。そうやって待って育ててあげれば、落ち着きのない子どもでも必ずいい子になります。

1週間叱らないでみてください

だいぶ前になりますが、NHKスペシャルという番組のお手伝いをしたことがありました。落ち着きのない子どもの代表格とでも言いましょうか、ADHDの子どもについて特集したものでした。

小学校低学年だったその子はひどく落ち着きのない子どもでしたが、それに拍車をかけたのが、めちゃくちゃに恐いお父さんでした。初めて私がクリニックでお会いしたときにも、お父さんの恐さが強く伝わったので、お父さんにあまり強く叱らないでくださいとお願いしました。

するとお父さんは、

「こんなに強く叱ってまだこのありさまですよ！　こんな子を叱らなかったら、どんなにひどいことになるか。その結果に先生は責任を持ってもらえますか？」

と言われました。

恐いお父さんでしたけれど、「こういう子どもは叱らないほうがいいんですよ」と言いました。水かけ論のような議論が続きましたが、最後に私はこう言いました。

「1週間だけでいいですから、1週間は一度も叱らないでください。好き放題ではなく、叱らないでそんなことしちゃダメだよとおだやかに言ってください。第一、ご夫婦でこんなにも叱り続けてきた結果がこの状態なら、少し叱らなくたってこれ以上ひどい状態にはならないのではないですか。叱らない状態で来週またお会いしましょう。とにかくやってみてください」

大変不満そうにお帰りになりましたが、まじめといえばまじめなお父さんだったので1週間後にしっかりいらっしゃいました。するとクリニックに入るなり最敬礼をされ、こう言いました。

「1週間、この子を叱らないことは、親は大変でした。ですが、たった1週間でこれくらいいい子になることができました」

前回お会いしたときより、はるかに落ち着きがありました。クリニック内でとび跳ねたりすることはなくなっていたのです。

親が今我慢しなければ、この子はこの先、もっと我慢して生きなければいけなくなります

1週間でご両親はここまで変わったと驚いたようでしたが、1週間叱らないということに対して、親の忍耐がもたないと正直におっしゃっていました。ですが私は親が我慢しなければ

ば、この子はこの先もっと我慢していかなければならないということを伝えました。

その子は特別支援学級と普通学級のあいだを行き来していました。そこにＮＨＫは取材に入り、その途中で主治医が私であるということを知り、少しご協力をしました。

はじめのうちはひどいものでした。一時でもじっとしていることはありませんでした。地べたに這いつくばったり、友だちの机の上を渡り歩いたり、普通なら叱られて当たり前の行為ですが、私は先生にも叱らないで、注意はしてくださいとお願いしました。

先生も大変に努力をされたと思います。一定の期間をＮＨＫで取材し、ＮＨＫスペシャルとして放映したのが20年ほど前（当時）のことでした。

そして、そのだいぶ後のことです。講演の依頼がありました。それがその子のお母さんだったのです。日程の調整ができずお断りしたのですが、「○○ちゃんはどうしていますか」と私がたずねると、「おかげさまで立派な大学生になりました」とおっしゃいました。大学のデザイン工学科に通い、成績も優秀で大学が大好きで、楽しそうに通っているとのことでした。

大人のほうに、おだやかにゆっくり待ってあげる自制が必要になります

ちょっと気になる子どもは、努力をさせればさせただけ悪化します。

なぜなら前頭葉の機能は、心地よい環境に置かれなければ発達しないのです。甘やかして好き放題させるのとは違います。こうするといいということを、おだやかに言ってあげるのがいいのです。

お父さんも大変に努力されたと思います。はじめのころお父さんは、自分の自制がきかず、怒らずにはいられないとおっしゃり、自分がＡＤＨＤなのでしょうか？　とおっしゃっていました。そうかもしれませんし、そうではないかもしれませんとだけ私は言いましたが、本当はそうでした。

叱らないことがいいとわかっていながら、次の1週間、1か月、3か月とわかっていながら、叱らないことを自分が我慢できないと正直に言っていました。しかし、まわりが叱っているあいだは、前頭葉の機能は発達していきません。ですから、叱らないで待ってあげてください。

私はいつもご紹介するのですが、相田みつをさんの詩に「待つ」という詩があります。

待ってもむだなことがある
待ってもだめなこともある
待ってむなしきことばかり
それでもわたしはじっと待つ

すばらしい詩です。こういう気持ちが大切なんです。叱らないでゆっくり待ってあげればいい子に育ちます。

Q11

子どもが万引きを繰り返していました。ショックです

子どもが、近所のお店で万引きをしたところを見つかって、店から連絡が入りました。かなり前から繰り返していたようです。

下の子が病弱で、入退院を繰り返しています。病院通いで疲れているところへ、主人は頻繁に友人を何人も連れて来ます。私はストレスが重なり、いつしか上の子につい言葉で当たり始めていました。

万引きはその頃から始まったようです。

これからどうしていったらよいでしょうか。

A

子どもの万引きは欲求不満からのことが多いのです

みなさんにもよくおわかりいただけると思います。お母さんはご心配があってイライラされる。疲れてお子さんをきつい言葉で叱ったりするようになった。自分でそれを自覚なさっているけれども、抑えられなかった。その頃からお子さんはものを盗み始めた。

人は欲求不満になると攻撃的になります。盗みというのは一種の攻撃です

ものを盗むという行為には非常に微妙なものがあって難しいものです。大企業の社長夫人がデパートで万引きをして捕まった。財布の中には高額のお金が入っていた。なぜこんなものを盗むのかということです。

盗みの経験のない方には、そういう気持ちはわからないと思います。私もわかるわけでは

ありませんが、仕事でたくさんの方に会ってきて思うことは、人は欲求不満になると非常に攻撃的になるということです。

盗みというのは一種の攻撃なのです。必ずしもお金がないから盗むわけではないのです。小中学生の万引きは、お金がないけれどほしかったということもあるでしょう。けれどもそれだけではないのです。盗むという行為の中には攻撃的な感情があるのです。

確かに本人が望むほど充分におこづかいがないということはあるでしょう。けれども欲求不満が小さければ、我慢できるのです。おこづかいがないから今は買えない。けれども盗んでまでほしいということにならないのです。

欲求不満が強くなれば強くなるほど、人は攻撃的になります。衝動的になります。攻撃のかたちはさまざまです。友だちをいじめるというかたちで攻撃性を発揮する子どももいます。盗みをする子どももいます。

バイクで暴走する若者もいます。暴走行為は社会に向けた攻撃です。人里離れた山間の道ではなく、街中を、迷惑を感じる人がいるところを暴走するわけです。私の知る限りでは、自分のほうを幼いときから充分振り返ってもらえて育った人は暴走族になどなりません。

欲求不満と攻撃性というものは、密接に結びついているものなのです。

ご質問のお母さんの場合は、言葉の暴力をお子さんに向けてしまわれたわけです。

欲求不満や攻撃的な感情は、健康的に解消されれば問題ないのですが……

欲求不満のない人はいません。欲求不満とある種の攻撃性は誰もが持っているものです。これは人間が意欲的に活動するために重要な感情です。前進していくために、向上していくために必要なものなのです。

欲求不満や攻撃性はないほうがいいと思われたら間違いで、ほどほどに持つこと、あるいは健康な解決の仕方をすることがよいのです。程度の問題です。

欲求不満や攻撃的な感情が全く消えてしまったら、それは生きる値打ちがないほど向上心がなくなってしまったということでもあります。

欲求不満は向上心として、発展のためにとても重要なものですが、それが度を超すと病的な攻撃性となるのです。

私たちは絶えずいろいろな形で自分の攻撃性を解消しています。その1つにスポーツがあります。スポーツは戦いです。アマチュアのスポーツなどは、勝ったところで一銭にもならないのに、みんな一生懸命ですね。運動会になるとどうしてみんな一生懸命走るのでしょうか。勝ちたいからです。攻撃性と競争心はほとんど同じようなものです。

高校野球で、神奈川の人は神奈川県代表を応援します。ほとんどの人はその高校と何の関係もありません。選手とも誰一人面識がない人が多いでしょう。

オリンピックになると、今度は日本中が日本人を応援しますね。私たちは絶えず自分の健康な攻撃性を代弁してくれる人を応援するわけです。

欲求不満と「こっち見て行動」

攻撃性や競争心というものは、また別の表現の形として、自分のほうに多くの人の関心を引き付けたいという行動になります。「こっち見て行動」です。それが健康な範囲であるか、不健康な範囲に入るかです。そしてどこまでが健康でどこから不健康かということは、線引きが難しいものです。

駅前で大声で歌を歌っている人も、健康か不健康か、私は微妙なところだと思います。誰も頼んでいないのに歌っているわけです。歌っている人が自分のほうを見てほしいのです。こっちを見てください。私のほうを見てください。あの中には攻撃性や競争心という人間の持っている基本的な感情のちょっと屈折したものがあるのではないかと思うのです。

だんだんそういう人が日本人に多くなったということがおわかりになりますでしょう。

家庭の中に欲求不満の伝播はないでしょうか

もしかすると、ご主人にもそういう感情があったかもしれません。頻繁に友だちを何人も自分のうちに連れてくる。友人にせがまれたから仕方がなくてお招きになるのとは、どうもニュアンスが違うように思えるのです。ご自分から誘っていらっしゃるようです。

ある種の寂しさや欲求不満があるのではないでしょうか。

仲間とおしゃべりをしたい、飲んだり食べたりしたいと思ったら、順番回りにすればいいわけです。なぜ自分のうちにばかり連れて来るのでしょうか。気持ちの深いところには一種のこっち見て行動があるのではないでしょうか。

欲求不満同士のご夫婦のように私には思えるのです。そういうものが伝播《でんぱ》していっているのではないでしょうか。

ご主人がご主人のやり方で欲求不満を満たそうとされると、奥さまが欲求不満になられる。その欲求不満がお子さんに向かってしまった。そしてお子さんには向けどころがない。それがこのような行動になっていったのではないでしょうか。

家族が支え合うためには
欲求を満たし合うことが大切

家族が家族同士の人間関係の中で欲求を満たし合うことはとても大切なことだと思います。どこのご家庭でも、3人いらっしゃれば三角形、5人いらっしゃれば五角形、8人いらっしゃれば八角形のバランスがいろいろな程度に歪んだりすることはありますね。

家族がお互いに思いやって生きることで欲求を満たし合っていくのですが、基本的には、子どもが小さいときには、親が一方的に思いやるのです。

強いほうが弱いほうを思いやる。あるいは元気な人が元気でない人を思いやる。絶えずこういう生き方をしていくべきだろうと思います。

自分より相手を思いやるくらいで
ちょうどいいと思います

基本的に、自分よりは相手を思いやりながら生きるというくらいの気持ちが、私はちょうどいいと思います。親の気持ちは、子どもの発達を苦しめるようなことだったら言わないでおいてあげることが愛情です。

自分の希望を伝えるのではなく、子どもの希望を可能な限り応援してあげることです。

人が人のことを思いやっているときというのは、必ず相手はこちらのことを思いやっています。人間関係というのはそういうものです。こちらが相手に対して思いやりを失ったら、相手はこちらに対して思いやりを持てないのです。

どうぞみなさん、ご主人は奥さまを、奥さまはご主人を思いやってください。腕力はご主人のほうが強いでしょう。けれども男というのは弱虫です。強いのは腕力くらいのものです。ですから奥さまが思いやってくださらないといけないのです。一方、女性はある特有の弱さを持っています。どうぞご主人は奥さまを思いやってください。

ご夫婦が互いに思いやる。そしてご両親は、お子さんが自立するまではお子さんのことを一方的に思いやりながら生きてあげてください。

子どもが自立する前に子どもから思いやられるような親ではいけないと私は思っています。皆さんが思いやられる必要が生じた時に、お子さんはみなさんのことを思いやってくれますから。

自分の家族を大切にできない医者は、患者さんを大切にすることはできません

私は若い医者に必ず言います。自分の家族を一生懸命大切にするようにと。自分の家族を大切にできない人が、患者さんやよその人の家族を大切にすることなど絶対にできないのだと。

自分の家族を最優先して大切にするのでなければ、他の家族を大切にする感情がわくはずはないのです。自分の家族を犠牲にしてまで患者さんのためにというのは、実は自己愛でしていることが多いのです。相手を大切にしているのではなく、自分の名誉のために、自分を大切にしてほしいからという自己愛であることが多いのです。

自分の家族を大切にするということが、一番の、本当の愛情です。どうぞご家族を大切にして下さい。他の誰を大切にするより価値があることです。

一生懸命やってできないのなら仕方がありません。やろうとしないのがいけないのです。一生懸命やろうと思って日々努力を続けてくださることが大切です。そう心がけてくださることが、基本的には幸せになる道だと思います。

Q12

子どもは身体の障害があるのですが、小学校高学年になって人前で身体を使うのを気にするようになりました

子どもは生まれたときから身体の一部に障害があります。

小さい頃から周囲の方には隠すことなく、自然にしてきました。子どももごく自然に不自由な身体を使っていましたが、小学校高学年になると、人前で身体を使うことを気にするようになりました。人に見られたくないという気持ちに、今後どのように対応していったらよいのでしょうか。

A

ご家族が隠す必要のないことだと思っていらっしゃればそれでいいのです

これはどんな障害をお持ちの人も、あるいは障害のない人の場合もそうですが、どんな場合でも、ご家族がそのことを何も隠す必要のないことだと思っていらっしゃれば、私はそれでいいと思います。

それ以上のことはご家族にはできません。そしてそれが最高のことだと思います。

隠せるものなら隠したほうがいいと思わないことがいいのです。そのことがご家族にとって、悲しいことでも嫌なことでも不快なことでも何でもないのだと思っていてくだされればいいのです。

親が子どもにいちばん望むことは

先日ある医師の友人と話をする機会がありました。彼女のご主人は会社の転勤で3年ごとに海外に行かれるのです。母親が専門的な職種でキャリアを積んでいらしていて、学校に通うお子さんがいらっしゃるという場合、父親が単身赴任をなさるケースが多いと思いますが、彼女はご主人の転勤の都度、お子さんを連れて一緒に行かれたのです。

子どもが経済的な援助さえあれば自立的な生活ができる年齢になったら、行きたいか行きたくないか子どもが自由に選択すればよい、ということは少なくとも高校生以上になっていればということです。そうでないうちは、お父さんやお母さんはそばにいて面倒をみないとあなたのことが心配だからと。そういう考えで、海外どこへでもお連れになりました。

お子さんたちは、外国語はできるようになりますが、日本の学校の勉強についてはいろいろな意味で差ができていきます。けれども彼女はそんなことは大した問題ではないというふうに思ったのです。

「どこへ行っても親と一緒に生活を作っていけばよい。子どもというのは人間として育ってくれればいい。まあまあその線で育ってくれました。それだけでいいのです」

そうおっしゃっていました。本当にそうだと思います。

よく私が子どもに言ったのは、親より先に死なないでほしいということでした。これだけが親から子どもへの願いでした。もちろん運命というものがありますが、親が子どもに頼むことがあるとしたら、親より先に死なないように努力をしてほしいということだけでした。

無謀なバイクの運転をするのではないよと言わなくても、海水浴に行って無茶な泳ぎをするのではないよと言わなくても、親が自分の子どもの葬式を出すということは最高に悲しいことだから、それだけはないようにと願っている。あとは何もないよ、と。

人を頼りにする。人から頼りにされながら生きる

人に迷惑をかけないようにとか、犯罪行為をしないようにといったこともありますが、そんなことは、あえてくどくど言う必要もないと思っています。

人に迷惑をかけてはいけないのではありません。人を頼りにする。けれどもそのぶんだけ人から頼りにされながら生きているという相互依存が大切なのです。人から迷惑をかけられることを迷惑に思わない。人は相互依存で生きているのだということを大切にしたいのです。

人を頼りにして、人から頼られながら生きる。そういう範疇《はんちゅう》の中で、犯罪のようなことを起こさなければ、それだけでいいと思っています。私ならそんな生き方を子どもに教えます。

運命を受け入れることは人間の最高の知恵の1つ

身体の一部が、運動が多少不自由です。あるいはおおいに不自由です。車椅子の生活が必要かもしれません。目が不自由です。耳が不自由です。知能の発達が不自由です。いろいろ

なことがあっても、それはそれで私はよいと思っています。そのことを与えられたままにその存在をいわば運命のようなものとして受容する。

作家の曽野綾子さんがこんなことをおっしゃっておられます。人間の最高の知恵の1つに運命を受け入れるということがあると。

スティーヴン・ホーキング博士をご存じでしょうか。アインシュタインに続いて宇宙物理学を開いていかれた天才的な学者です。彼は筋萎縮性側索硬化症（ＡＬＳ）という難病中の難病にかかりました。知能は衰えませんが、身体がどんどん衰えていく病気です。治療法が全くありません。

ホーキング博士が書かれた本のあとがきにこんなことが書かれていました。

人間の最高の知恵は運命を受け入れることである。大人になったらそのくらいの分別は備わらなければならない――ホーキング博士も同じことを言っているのです。

それぞれの社会の中で、自分が与えられた宿命・運命というものがあると思うのです。同じ運命、境遇・才能・個性を持った人はふたりといません。そして、それはそれでそれぞれがいい。こういうことがなかったらよかったのに、ああいうことがなかったらよかったのにということではなく生きる。それは強く生きるということですが、心からそう思ってあげられればよろしいのではないでしょうか。

あれこれ言う人がいても、家族がどう思っているかが大事

人がどう思おうが、結局は、家族がどう思っているかということになります。逆に、周りの人がよくわかってくださるのに、家族だけがそれを納得できないということが多くあるのです。不登校の生徒はしばしばそういう思いを持っています。

医師やカウンセラーが、ゆっくり自分探しをしていればいいと言っても、ご家族がそれは納得できない。あるいは、これくらいならばもう充分ではないですかと言われても、ご家族はそれでは嫌なのだと、もっとこうでなければ嫌なのだと思っていらっしゃることがあるのです。

この逆であれば、問題は起きないのです。偏見を持ったり、あれこれ言ったりする人がいても、家族がそのことは何も悲しいとも不満とも思わないでいてあげさえすれば、子どもは大丈夫なのです。

Q13

息子はアスペルガー症候群との診断を受けましたが、普通学級に通っていました。けれども5年生から全く登校しなくなりました

息子は幼少時にアスペルガー症候群との診断を受けました。小学校は普通学級で過ごしてきましたが、小学校４年生の後半になって登校をしぶるようになり、５年生から全く登校しなくなってしまいました。

初めのうちは何日から行くと言って、その日になると行けないということを繰り返していましたが、最近では、学校に行かないことが普通になって落ち着いてしまったように見えます。

主人も私もいろいろな本を読んだり相談機関に相談したりしていますが、これといった解決策を見出せずにいます。

本人を信じて見守っていけばいいのでしょうか。親にできることは何なのか、アドバイスをお願いいたします。

A

アスペルガー症候群は自閉症の1つのタイプです。基本的な特性を理解し、その子に合わせた特別な教育的配慮が必要です

アスペルガー症候群というのは自閉症の1つのタイプです。自閉症、アスペルガー症候群については短時間の説明でこと足りるものではありません。自閉症児の親御さんと長年勉強会を続けていますが、何回してもこれでいいということはないようです。原則はあっても、一人ひとりに具体的な場面でその都度どう応用するかということになりますから。

非常に適切な対応、大きな過ちはない対応といろいろあるでしょう。けれども共通する基本的な特性を理解なさっていなければ間違いをします。

みんなに合わせた教育で頑張らせると本人が苦しみます

私たちは苦労が大きければ大きいほど達成した感動も大きいと感じます。けれども自閉症

の人たちは、達成した喜びより傷ついた苦しみのほうが大きいのです。そしてそれが忘れられないのです。消えないのです。

ですから自閉症の子には、無理なく苦労なく身につけていけるように教えなければなりません。優れた教育をしているところでは、その子にとってはちょっとやさしすぎるようなところからスタートします。けっして傷つけないように、そしてだんだんとみんなの中に入っていけるようにするのです。

小さいときから特別にきちんと自閉症の人に合わせた教育をなされていれば、大きくなるにつれて、どんどんみんなと一緒にできるようになります。

ところが特別な教育を受けずにいると、学年が上がるにつれて周囲との差がどんどん大きくなって乖離《かいり》していきます。孤立していきます。いきなりみんなの中に入れて何とか頑張らせていれば、そのうち適応していけるようになるわけではないのです。困難・苦痛の体験を繰り返し、傷つき、結果としてドロップアウトしてしまうのです。

大切なのは、その子に向かって、その子がわかるように伝えることです

ご相談のお子さんは小学校4年で学校に行けなくなってしまいました。

ご相談の方だけではありません。日本の今までの漫然とした自閉症、アスペルガー症候群の人に対する教育というのは不幸なことにこのようなものでした。先生が自閉症について知らなかったのですから。そして実はご両親さえもわかっていらっしゃらないことがあるのです。

　理解のない人ばかりの中で、だんだんみんなとの乖離が大きくなっていき、不幸な場合は引きこもりになってしまうのです。家族からさえもひきこもってしまうことがあるのです。そのようなことにならないようにと切に思います。

　普通学級に入れてはいけないということではないのです。特別な配慮が必要なのです。自閉症の子にかかわるみんなが、その子に合わせながら導いてあげることが必要なのです。

　その子に合わせることが先です。

　目の見えない子は盲学校に、耳の聞こえない子は聾《ろう》学校にお入れになりますでしょう。視力障害や聴力障害がありながら社会生活をするために必要な特別に学ぶべきこと、身につけるべきことがたくさんあるのです。専門家による教育が必要だということは多くの人が納得することでしょう。

　みんなと一緒に、先生の話をちゃんと聞ける自閉症の子どもなどいないのです。

聞くことができているのは短い断片的なことです。大切なことは、その子に向かってその子がわかるように伝えなければなりません。ですから個別教育、あるいは個別的な教育が必要なのです。

その子に合わせた教育をすることによって、みんなの中で生活できるようになっていく

ひきこもりになっている人の中に知能の非常に高い自閉症の人が予想以上に多くいるということがわかってきました。多くは無理な統合教育を受けてきた人たちです。

みんなの中に入れておけばみんなのようになるのではないのです。その子に合わせた教育をすることによってみんなの中で生活することができるようになっていくのです。

学校に行きたくないから行かないという、いわゆる怠けたい子は休んでいきいきしています。休むことがうれしいのです。けれどもこの子たちは行かなくてはならない、行きたいという気持ちがあって行けないのです。どれほど苦しいでしょうか。

くれぐれも申し上げます。できないことをできるようにしようとなさらないでください

ご相談のお子さんもそうですね。本人は行かねばならないと思っているのです。何日から

行くと言う。でもその場になったら行けなくなってしまう。どんなにつらいことでしょう。

能力の高い子は自分がみんなといかに違うかということがわかるのです。自分だけ〝蚊帳《かや》の外《そと》〟にいるという疎外感、孤立感を感じているのです。

「こんなによくできることがあるよ」としっかり言ってあげることです。そのことを伝えながら、「こういうことについては苦手なのだけれど、それはいいんだよ」と言ってあげることです。必要に応じて工夫で補っていけばよいのです。

それを、できないことをできるようにしようと叱咤激励する人がいます。視覚障害の子にもっと一生懸命見ようとすればちゃんと見えるなどと言う人はいないでしょう。

わかってあげられるまで何もおっしゃらないでください。たいてい見当違いのことを言ってしまいますから。わかってからおっしゃってください。

私自身もたくさんの間違いをしたのです。よかれと思ってしたことが間違っていました。間違ってしまったことを消してあげるのはたいへんなのです。

「本人を信じて見守っていけばいいのでしょうか」とありますが、ただ見守っていればいいのではないのです。自閉症を理解して、本人に合わせて本人にわかりやすく伝えていくことが大切です。

Q14

子どもの同級生のお母さんが、担任の先生のことをとても悪く言うのです。どう相槌を打てばいいのか困っています

近所に住んでいる子どもの同級生のお母さんに、担任の先生のことをとても悪く言われる方がいます。どう相槌を打てばいいものかほとほと困っています。

そんなにひどい先生とは思えないのですが……

A

人間は豊かな社会になればなるほど、不都合なことは人のせいにしがちです

我妻洋《わがつまひろし》先生という高名な心理学・文化人類学の先生がいらっしゃいます。我妻先生とは、安田生命社会事業団（現・明治安田こころの健康財団）主催の会議で何度かご一緒しました。いろいろお喋りをさせていただきましたが、なるほどそういうものかと思うことがありました。

人間というのは環境によって人格や人間性、感性が変わると言われています。人間は人間である以上、地球上のどこに住んでいても、どんな民族、種族であっても、こういう特性はみんな持っていると。その中にこういうことがありました。

「豊かな社会に住めば住むほど、経済的物質的に恵まれた環境に住めば住むほど、何人であるとか関係なく、人間は外罰《がいばつ》的、他罰《たばつ》的になる」とおっしゃったのです。

外罰的、外を罰する。他罰的、他者を罰する。何か不都合なこと、不愉快なことがあると、人のせいにする。こういうのを外罰、他罰的と言うわけです。

だから、経済的に豊かになればなるほど、夫婦のケンカも、親子のケンカも、離婚もいさ

かいも、個人レベルで増えてくる。人間は、何か嫌なことがあると、自分以外の誰かが悪いんだと感じ取るようになってしまうんだそうです、豊かな社会に住めば住むほど。

逆に貧しい社会に住めば住むほど、何か不愉快なこと、うまくいかないことがあっても、それは自分が至らなかったからかもしれない。自分の努力が足りなかったからかもしれない、たぶんそうであろうと思う、これを内罰、自己罰と言うそうであります。

なるほどと思いました。

私たちは今、誰かを罰しながら、自分の欲求不満を誰かに向けながら生きる生き方をどんどん強くしてきました。誰と誰の関係でもです。もちろん、そういうことをちゃんと知っていて、そうならない人もいますよ。私も私なりに努力してはいます。

過密社会になればなるほど人間関係を避けようとする

さらに我妻先生はこうおっしゃいました。「人間は過密社会に住めば住むほど、人間関係を失っていこうとする、なくしていこうとする、人間関係から逃れようとする、避けようとする、一般的に言えば、人間関係が「疎《そ》」になる」

わかりやすい表現です。逆に過疎の社会に住めば住むほど、人間は人間関係を「密」にする。

遠くに住んでいる親戚ともおつき合いをしっかりしようとする、すぐご近所ともおつき合いを一生懸命しようとする。

過密ということは、ともすると、物理的に過密ということだけではなくて、電話とかメールとかさまざまなものが密着しすぎればするほど、ある意味では人は苦しくなって、人間関係を避ける、嫌がるようになっていくのかもしれない、と思います。

というのは、私は先日滋賀県におりました。北部の、福井県にやや近いほうの街であります。田畑がたくさんあるところで、子どもや若者たちは、都会の人と変わらない感情、感性を持っている、とその土地の方はおっしゃっていました。

そういう意味では日本全体が、ハイテクの恩恵などを被りながら、経済的な豊かさの影響を受けながら、過密社会に住んでいる、と言ってもいいかもしれませんね。

私は倉敷市の川崎医療福祉大学に勤務（当時）しておりますが、週に2回、出向しております。新横浜から岡山まで新幹線で3時間で行くんですね。ですから距離が遠いという感覚がなくなります。飛行機ですと1時間余りですね。近いですよ。こういうことで、過密社会、距離が近く近くなっています。

相手の長所より短所のほうに敏感になる

豊かさによる外罰性、他罰性と、過密性による人間関係の乏しさ、この両方が合わさると、人間は誰との関係の中でも、うっかりすると、相手の長所よりも短所のほうに敏感になってしまいます。

感受性が強くなる。人間はどんな人だって、必ず長所を持っている、と同時に必ず短所も持っている。そうですね。誰と誰との出会いや交わりであっても、相手の長所よりも短所のほうが感じやすくなるということは、不幸なことだと思いますが、豊かさと過密さというのは、人間をそのようにさせてしまうんですよ。

嫌なことがあると人のせいにしたくなる。人間関係をすぐ避けようとする。同時に、相手の弱点や欠点をとにかく強く感じてしまう、ということであります。

でもこれは今の環境の中にいますと、昨日と今日の変化もほとんど感じないですが、5年、10年、20年、30年、50年という単位で考えますと、こんなに大きくなってしまった、ということを私たちは教えられるわけです。

こういうことが私たちの生きる力を奪っていくことは確かです。家族にしろ、近所の人にしろ、職場の同僚にしろ、友人にしろ、交わるのが煩わしく思えて、何かがあると相手のせいにしたくなって、相手の弱点、欠点を私たちが感じやすくなってしまうとしたら、自分自身が幸福でいられるはずがないんです。

いろいろな先生と出会っていくことがいいのです

ですから、いろいろな意味で私は、家族と生活をしながら、今のようなことに少しでもならないように心がけながら、ずっと生きてきました。

特に私は子どもを育てながら、あるいは自分の生活の営みをしながら、夫婦でおおよその分担をしました。家庭の中のことは、家内です。家庭の外のことは基本的に私がやる、ということをおおよそ決めていました。

授業参観、父母面談の類も、３人の子どもたちそれぞれ、すべて私が担当しました。ほとんど休まず行ったと思います。家内もよく行きました。それなら僕はやめておこう、ということは一度もなく、ふたりで一緒に行きました。そしていろいろな先生に出会ってきました。

当たり前のことですが、先生といえども、お一人おひとりがこんなに違うのかと思いました。私たちはやや家族でそういう心がけや努力をしましたから、今度の先生はこんないい、素晴らしいところがある、ということを割合感じやすかったと思います。

なぜそんなことを申し上げるかと言うと、保護者の中には、先生のことをとても悪く言う方がいるわけです。その方には悪く感じられるのです。もしかしたらその人の持っている弱点なのか欠点なのか、あるいはその保護者と相性が悪いのか、わかりませんが、それが確実に感じられるから悪くおっしゃるんでしょうね。

でもそれは、何も幸福をもたらさないと思います。子どもにとってはもちろん保護者と先生との関係でも。相手の先生が明らかに間違いをされるのなら仕方ないと思います。新聞ネタになるようなひどい先生もときどきいます。それは別です。

自分を信じることができる子どもに

入学偏差値の高い大学の学生ほど自殺率が高いのはなぜでしょう

私は大学（川崎医療福祉大学）の専任教授（当時）として、このことはお伝えしておいていいと思います。大学生で、入学偏差値の高い大学の大学生ほど、自殺ないし自殺未遂率は圧倒的に高いんですよ。知っていらっしゃいましたか。

小さいときからある意味で歯をくいしばって頑張って、いい学校に入るんです。さあ、いい学校に入った、これから夢や希望が持てる、と親は思っているんです。だけどそれは親だけで、そういう発想で育てられた人は、入ったら目標も何もないんです。なぜかというと、夢や希望を持つ力がないんですから。

フリーターという人はそうですよ。いい就職口がどうしてもないからフリーターをしているという人は、たぶん3分の1くらいだろうと言われます。圧倒的に多数のほうは、フリーターでなくちゃ働けないんです。わからないんですよ、進路が自分で。

もっと分析すると、人間関係が深まっていくところに存在できないんです。だから正職員になることができないんです。人との関係が深まるというところに対しては、特有の怖れを持ってしまう。人を信じる力が弱いんです。

人を信じる力が弱ければ、子どもというのは自分を信じる力にもならない、これは第1章でご紹介したエリクソンの発見ですね。basic trust ＝基本的信頼と言います。

端的に言いますと、子どもというのは、お母さんをどのくらい信じることができるかというのが、自分をどのくらい信じることができるかにつながるんです。お母さんと言ったときには、必ず陰にお父さんがいるということを先ほどから申し上げています。お母さんをどのくらい信じることができるかということと、自分をどのくらい信じることができるかというのは、表裏一体の感情なんですね。そして友だちやその他の人を信じることができるようになっていくんです。これが社会性を獲得していくプロセスの第一歩だと言われます。

「私を信じられますか」という育児を

だから、「あなたは私を信じられますか？」という育児がいいんですよね。「こうなってちょうだい」「ああしちゃダメ」という育児ではないんですよ。「私を信じられるか」という育児がいいんです。保育者にはこのことを繰り返して伝えます。

保育者が子どもたちにどういう保育をするかという大原則は、「自分を信じることができる子どもに育てる」ということです。

お手洗いを教える、お絵かきを教える、お歌を教える、折り紙を教える、洋服の脱ぎ着を教える。いろいろなことをお教えになるでしょう。だけどそれは手段であって、本当の目的は、私を信じることができますか？　という問いかけです。人を信じることによってしか、人間は自分を信じることができないわけです。

友だちが絶えず競争相手だった。お母さんはそれをいつも激励するだけだった。こんなふうな状態では、子どもが夢や希望を持って、他者と豊かに交わりながら生きていく力を育てられることはないのです。

人を信じられるか、私を信じられるか、こういう問いかけだけである意味いいんです、お母さんは。

障害のある子をどう育てるか

子どもの障害を受け入れる親、受け入れない親

お子さんに障害があるというとき、もちろんご家族はたいへん心配されます。

将来が幸福か不幸かということですが、障害のある子だから将来不幸になることが多いというのは、とんでもない間違いだと思います。幸福もしくは不幸ということを本人がどう感じながら生きるかということを考えたときに、それは障害のある子も幸福な子と不幸な子がいますし、障害のない子も幸福な子と不幸な子がいるのです。

障害のある子の不幸な場合からお話ししますと、障害のある状態では行く末が心配だと、何とかなくそうとするような努力をされて育った子どもは、なかなか幸福になれないのです。なぜかというと、なくせないものをなくそうとされるわけですから、非常に無理な育てられ方をされるからです。

例えば高機能自閉症の場合に、高機能のところだけ見て、自閉症という障害の部分をきちんと見ない。あるいは否定しようとすることがあるのです。別の表現をすれば、自閉症を治してしまおうとすることがあるのです。能力のとても高いところがあるためにそれが可能なように思えてしまうのです。

そしてその子の能力の高い部分だけを認めるという育て方をします。親に認められる部分と認められない部分があるわけです。そうすると人格が乖離してしまうことがあるのです。

さらに親はその子の障害の部分だけを認めないつもりでいますが、障害を認めないということは、その子の最も基本的な特性を認めないということです。それはその子全体を認めないこととほとんど同じことになるのです。結果として、その子を否定していることになってしまうのです。そのときにたいへん不幸なことになるのです。

親としては、子どものことを思って、あくまで愛情からそうするのですが、障害を否定して治そうとする結果、人格をひどく傷つけてしまいます。壊してしまいます。子どもが幸福に生きる力を奪ってしまうのです。

どうすればその子が幸せに生きられるか

病気というものは、もちろん治らない病気もありますが、基本的には治そうとするものです。しかし障害というものは、定義の仕方にもよりますが、最も基本的なところはだいたい固定した状態にあるものです。表面的な問題が軽くなったり重くなったり、あるいは二次的な障害が付加されてしまったりということがあるということで、基本的なところを治そうとするものではないのです。

ある意味では特性というふうに考えたほうがよいことがたくさんあります。この子がこういう障害を持ちながら、どのように幸福に生きていくことができるように育てるか、ということが大切なのです。

その子の身になって、本人がいいという生き方を応援する

障害があるままの状態で、どう生きていくのが幸福かということを考えるのです。その子の特性、能力のままで幸せに生きる場所を考えるのです。

アパートで生活するのがよいか。グループホームで専門家のちょっとした支援を得ながら暮らしていくのがよいか。

作業所で働くのがよいか。一般企業に就職するのがよいか。どういう余暇活動を楽しむか。そういうことを、本当に子どもの身になって、あなたがこれでいいという生き方を、親は

最大応援しましょうという発想で、ゆっくりきちんとお考えになれば、子どもの将来は決して不幸ではありません。将来を心配なさることはありません。日本はそんな不幸な国ではありません。

何人ものお子さんとご家族にお会いしました。そういうことは本当によくわかります。そのお子さんたちがどういう大人になっていかれたか、多くの方と年賀状などで交流がずっと続いていますが、大半の方は決して不幸な状態ではありません。本当にそうです。

喜びを分かち合う体験が悲しみを理解できる感情を育てる

元・大阪樟蔭《しょういん》女子大学学長で世界的にいじめの研究で高名な森田洋司先生という方がいます。何年か前になりますが子ども同士のいじめを苦に生徒が自殺をするという事件がありました。森田先生は新聞社から取材を受け、最後の何行かで明確に断言していたことがありました。それは、いじめる側の親の責任は重大であると。

長年いじめについて森田先生が調査研究してきてわかったのは、自分のクラスでいじめが起きた場合、いじめをなくそうと努力する生徒のほとんどが、自分は親との関係が良いと答えていたということ。そして、自分もいじめる側に参加し、拡大させてしまうと答えた生徒の大半は、自分は親との関係が悪いと思うと自覚していたということです。多くの生徒は知らんぷりをすると答えています。

親との関係が悪いと答えたり、良いと答えたりさまざまな生徒がいますが、いじめをなくそうと努力する生徒についてはほぼ全員が、明確に親との関係が良いと答え、いじめがあったときに、何にも関係ないのに面白がって自分もいじめに加わる生徒のほぼすべてが、親との関係が悪いと答えていたのです。

親との関係が悪いと答える子は、友だちとの関係も悪くなっていき、さらには、悪い仲間を増やそうとするのです。そういう相関関係がどんどん明らかになっています。

どうかご家庭の中でわが子が喜ぶことを、喜んでしてあげてほしいと思います。幼いときほど喜びを分かち合うことは簡単なのです。若いお父さん、お母さんよりはしばしば祖父母のほうが上手な場合もありますから、祖父母の力を借りるのも非常にいいでしょう。祖父母は孫を喜ばせることが好きなのです。

親は悪意ではありませんが、忍耐力をつけるなどと、ときには子どもを苦しめることを優先したりします。祖父母は孫の喜びが喜びになります。そのことがどれだけ人間的な感情を育てるのに重要で、その先の落ち着き、脳の統合力を育てるのに重要なことか理解していただきたいと思います。

一緒にマジックを見て喜びを分かち合う。充分に喜びを分かち合ってから、はじめて悲しみを分かち合える感情が、遅れてあとから育つのです。しかし、喜びを分かち合った経験が少なければ、相手の悲しみを理解する感情がないのですから、人に悲しみを与えることが平気でできてしまうのです。

第4章

保育者・教師からの質問と悩み事にお答えします

Q15

子どもがかわいく思えないとハッキリ言う母親をどう理解したらいいのでしょうか

お母さんの口からハッキリ「子どもがかわいく思えない」という言葉を聞くことがあるのです。下の子はかわいいけれども、上の子はかわいく思えないというケースが多いように感じます。

子どもにとってもつらいけれど、お母さんもとてもつらいと思うのです。どのように理解したらよいのでしょうか。また、園としてはどのように援助していくことができるのでしょうか。

A

親を安心させない、親の自己愛を満たさない子どもへの苛立ちや怒りがあるのではないかと思います

ここにいらっしゃる皆さんの中にも、お子さんが何人かいらっしゃる方があると思うのですが、子どもはみんなかわいいというのが多くの方の感覚だと思います。ところが中にはそうでない人がいるのです。その典型的なものが虐待です。

きょうだい全員を虐待する人というのは滅多にいないのです。双子の場合でも圧倒的多数はそのどちらか一方なのです。

誰かを虐待しなければ気がすまない理由というものがあるのですが、実際のところ、誰はかわいくて誰はかわいくないということが理由でもなさそうなのです。虐待の対象になっていない子はかわいく思っているかというと、どうもそうでもないということです。他の子に対して虐待するほどには苛立ちや怒りは感じていないという程度のことなのです。

子どもの反抗や口答えを許せない親

上の子はかわいくないという場合の、下の子がかわいいという質を考えてみますと、下の子を本当にかわいがっているというよりは、自己愛的な愛の対象にしていることが多分にあると思うのです。自分の好みのペットを買ってきてかわいがるような愛です。

自己愛の対象にしやすいものは何かということです。子どもは小さいほうが自己愛の対象にしやすいのです。大きさだけではなく、上の子は反抗したり口答えをしたりということを親に向かってしてきますから。双子の片方だけというのは、ふたり虐待するほどのエネルギーがないからです。

実際のところは、自己愛の感情をちょっとでも満たしてくれないほうの子どもを虐待するのです。夜泣きの回数が多いとか、いちばん自分が眠いときに決まって泣くとか、おっぱいの飲みが悪いとか、体重の増加が親が安心できるようなテンポで増えていかないとか。

要するに親を安心させない——自己愛の感情を阻害するような行為をする子どもを虐待するということがあるのです。根底にあるのは自己愛なのです。

Q16

保育士がつきっきりで目が離せない男の子。お母さんはその子のことが好きではないとハッキリ言います

幼稚園の男の子です。集団生活に参加せず、ほとんど一日中外で過ごしています。担任だけでは目が届かないので、いつも補助の保育士がつきっきりでついています。集団活動の中にいるときは、弱い子からものを取り上げたり、あれこれ命令をして、従わないと叩いたりけったりします。

トイレにいくら誘っても行かず、漏らしてしまってから「おしっこ出たから替える」と言います。ほぼ毎回なので1日に2セットも3セットも着替えが必要です。

親子の会をしますと、ピアノの上に乗るなど、お母さんが嫌がることを次々します。お母さんはいつもお子さんになるべく近づかないように離れて見ています。

父の日も同様でした。とうとうお父さんは、帰りに外に出たとたん大変な勢いで叩きました。

つきっきりでいる保育士には、甘えてずっと抱っこしてもらっているときもあれば、

いきなりぶったり噛みついたり、つねったりということもします。けれども子どもたちといるときよりは、穏やかな顔つきが見られます。

小学校に上がるまでに、みんなと一緒に過ごす時間が増えればいいなと思っています。できれば対等な友だち関係が築けるようになればいいのですが。今はその子のことを決して叱らず、常にやさしく接するようにしていますが、今後どのように対応していけばよいでしょうか。

お母さんはその子のことが好きでないとハッキリおっしゃっています。お母さんには園での困った行動については一切伝えないようにして、朝や帰りに、できるだけお母さんご自身が安心していただけるようなお声かけをするようにしていますが、今後どのようにお母さんを支えていったらよいでしょうか。

A

子どもの根底にあるのは攻撃性と赤ちゃん返りですが、単純にお母さんが悪いとは言えないのです

攻撃性と赤ちゃん返りですね。根は全く同じです。弱い子をいじめるとか、主従関係で命令ばかりする。従わないものにはひどい攻撃をする。一方で補助の保育士さんには赤ちゃんのように甘える。

お母さんがこの子が好きではないとおっしゃっているということですが、単純にお母さんが悪いとは言えないのです。多分お母さんも幼少期から愛されてこなかったのです。お母さん自身がとても愛されたいと思っているのです。

自分が愛されたいという思いが満たされないうちに子どもが生まれてしまう。子どもが生まれて、母親としての機能を発揮しなければいけないというときにそれができない。もしかしたらそういうことかもしれません。

いずれにせよ、お母さん自身がまだ愛され方が足りないから子どもを愛せないわけです。

子どもには心の底から信じることができる「特定の人」が必要なのです

長い年月、里親として大勢のお子さんを預かって、社会的に自立させてきた坂本洋子さんという方がいらっしゃいます。『わたしたち里親家族！』（明石書店）という本をお出しになっていますが、こんなふうにおっしゃっているそうです。

この人なら絶対自分を保護してくれる。この人なら絶対自分を守ってくれる。この人なら絶対自分に愛情をくれる。子どもは、こういうふうに心の底から信じることができる特定の人に恵まれなければ、決して社会的自立はしていけないだろう——。

坂本さんは「特定の人」とハッキリおっしゃっているのです。

ご相談のお子さんには、そういう人がいなかったのです。生まれたときにすでにお母さんがいなかったのです。そしてお母さんにもそういう人がいなかったのです。

心の底から信じることができる人に恵まれない状態を、世代を超えて伝達してきてしまっているのです。

ところで同棲生活をしている学生たちと会っていろいろおしゃべりをすることがあるのですが、彼ら彼女らは、親に対する愛情をパートナーに求めているようなのです。幼児体験のやりなおしを同棲生活でしているようなのです。ハッキリそれを感じます。同棲生活をして乗り切らざるを得なくなっているのです。

　そういうふうに自分で解決していく、なんとか乗り越えていこうとする力のある若者たちはまだよいのです。その前に、大学に出て来られないとか、リストカットのようなひどい不適応症状を起こすという形で、挫折してしまう人もいます。

　この人は自分を大切にしてくれているという実感を持ちたいのです。そういう相手を探し合っているのです。幼少期の不足は生涯つきまといます。どこかできちんと補充してあげないとならないのです。

子どもを支えるために園でできること

　園ではお子さんを叱らず、本当にやさしく接してくださっていますが、簡単なことではないでしょう。

　学校へ行く頃までに集団行動ができなくてもそれは仕方がないでしょう。それは仕方がないというより、どうしようもないでしょう。

　そのお子さんは、友だちと対等な関係を持つとか、自律的な行動をとるとかという前に、充分な依存経験が必要なのです。

こういう子どもたちが多くなっています。今後も増えていくでしょう。その子たちに徹底して赤ちゃんからの不足分を充足させてあげるだけ手をかける、その人員があるかということです。

徹底して手をかければ何とかなるのです。このお子さんも本当はそれくらいのことが必要です。けれども保育園や幼稚園ではそこまではできません。中途半端なまま送り出していかざるを得ないのが現状です。

この時代、園の役割は昔とは大きく変わりました

それ以前にお母さんを支えなければなりません。いつも申し上げますが、今日の園は、子どもと親を両方保育するという状況なのです。必要な親子は三分の一くらいいらっしゃるのではないでしょうか。もっといるとおっしゃる方もいるかもしれません。そういう時代になってしまったのです。園の役割は一昔前と大きく様変わりしているのです。

気持ちの上で親も保育する必要がある典型的な事例だと思います。お母さんがこの子のことを好きになれないとおっしゃっているとうかがっただけですが、この子の行動を見れば本当にそうだと思います。

自分で子どもを産んでおいて、子どもが嫌いだというようなお母さんは母親になる資格が

ないなどと責めることはできません。そんな自覚があって子どもを産んだわけではないのですから。それを社会が守っていかなければならないのです。私たちが作った社会ですから。それしかないというより、保育園・幼稚園でできる対応の最善がそういうことではないでしょうか。それをどんなやり方で、どのくらいして、子どもや母親の気持ちを癒してあげるかです。

親子両方に必要です。同時並行的にすることが必要です。

親を支えるために保育士ができることとは

お母さんのほうがこうしてほしいというのを受け止めてあげなければならないのです。お母さん自身が心理的に滅茶苦茶楽しい砂場遊びをしたいという状態なのですから。そのお母さんに、子どもにやさしく接してあげてくださいなどという重い負担は課せられないのです。ある意味ではお子さんと全く同じレベルでしょう。ですから子どもと母親と一緒に保育しなければならないのです。

私たちはどうしても難しい子どもの親を責めたくなるものです。子どもの問題の責任は全部親が負うように思いたくなるものです。お母さん、こんなことではいけません。お父さん、それではダメです。そういう対応ではますます事態は悪くなることがあるのです。

保育士さんたちの努力で、園ではおだやかになりつつあるのに、おうちでまた荒れてしまう。そしてまた元の木阿弥で園にやって来る。こういうことの繰り返しでしょう。

「お子さんにやさしくしてあげてください」と言うと、かえってひどく叱ったりすることがあります

「お母さん、お子さんにやさしくしてあげてください、叱らないでね」と、保育士さんがやさしく言っても、親はやさくできないのです。かえって厳しく叱ったりします。

お子さんにやさしく接してあげるようにと言われると、自分の育児がダメだと言われているのかもしれないと思ってしまうことがあるのです。

あの先生は口ではやさしく言っているけれども、もしかしたら腹の底ではそうではないのではないか。そう疑ってしまうかもしれません。他のお母さんはそんな注文をつけられていないのに、私だけが言われる。そういう気持ちになってしまうかもしれません。

そういうときに、非常に難しい問題が起きるのです。

あなたがいい子にしないから、お母さんが責められる、恥をかく。こういう気持ちになるのです。理屈ではなく、そんな感情になってしまうのです。

ですから、ともかくこの子をいい子にしてあげるしかないのです。親御さんには、こんな

ことをしてみてくださいなどということは言わないで、「どうしてほしいですか」と聞いてあげるしかないのです。「私たちがどんなお役に立てますか」と聞いてあげるのです。

けれどもそれも、他のお母さんたちがいらっしゃるところでお伝えすると、私にだけなぜ聞くのだろうというようなことになるでしょう。

こちらにどんな善意があっても、こういうお母さんに伝えることは難しいのです。お母さんのほうから言ってきたときにはいいのですが。

Q17

園の友だちに何か言われても言い返せない子のお母さんがとても心配して相談に来られました

お子さんがお友だちに言い返せない、やり返せないということで、とても心配するお母さんが多いのです。実はやる側の子のお母さんも困っているのですが……。

A

親の言うことをよく聞く子どもは、本当に言いたいことを親になかなか言えません

それはとても簡単です。お母さんに言い返せる子に育てておけばいいのです。親にも言い返せないのに、どうして友だちに言い返せるでしょうか。このことは非常に大切です。子どもは、お母さんに言いたいことを安心して言えるようでなければいけません。

親を満足させ続けた子の悲劇

保坂渉《わたる》さんという共同通信社の記者（当時）が子どもの虐待の事例を取材して『虐待』（岩波現代文庫）という本にまとめられました。

その中にどうしてこの女性がわが子を虐待したのだろうと思われる事例があったのです。経済的に恵まれた、一見「波風のない家庭」に育った女性です。

いつも親の言うことを聞いていた。言われないうちに察していた。常に親の期待を裏切ら

ないようにとふるまってきた。彼女は親を満足させるように努力し続けていたのです。能力がなかったら途中で親もあきらめたと思うのです。ところが彼女は能力が高かったために親の希望、期待をつなぎ続けたのです。親の自己愛の対象になり続けたのです。

親の喜びをいつも満たしてくれる子どもですから、親も子どもを大切にしているようにふるまったでしょう。けれども子どものほうは親から愛されているという実感を持てなかったのです。子どものほうが親を喜ばせているばかりだったのです。

期待どおりにいかなければ、親の過剰期待も途中で挫折します。親もあきらめるのです。ところがたまたま親の期待に応える子どもが生まれたときに親は間違うのです。

こういう子は親に言い返せないのです。やり返せないのです。親の言いなりに生きるのです。しかも親の望みどおり立派にやってしまうのです。それは自分が安心するためです。安らぐためです。親の不機嫌な顔を見ないですむためです。親に言えないということは本当に悲しいことです。

園や相手の家に怒鳴り込む親もいます

また、言い返せない子、やり返せない子どもの親がのり込んでくるということもあるのです。お母さんだけでは気がすまなくて、お父さんが休暇をとって園に苦情を言いに来ます。

また相手のうちに怒鳴り込んで事態を難しくしてしまう。

子どもはどんどん萎縮していくと思います。幼い子から見て、親が自分のことをかばってよそのうちに怒鳴り込んでいるというふうには見えないのです。子どもの目には恐ろしい親に見えるのです。

園に苦情や文句を言いにいく親だったら、うちの中ではもっと言っているでしょう。よそのうちに怒鳴り込まなければ気がすまないというのは、たぶんうちの中でもっと些細なことで怒鳴るという感情があると思います。そのことが不幸なのです。

そういうときは子どもを中において両方の両親で話し合って、お互いに仲良くしてくださいと和解をするのがいいと思うのです。例えば相手の家族と一緒に遊園地でも行きましょうとか、家族で動物園に行くのでお子さんもご一緒にと誘うとか、そういう関係の中で和解——コミュニケーションしていくのがいいのです。

わが子と共に育ち合っている子どもがそばにいるということがとても大切なのです

子どもが育つということは誰かと育ち合っているということです。この育つとは社会的人格が育つという意味です。人はひとりでは育たないのです。よい育ちをしている子どもというのは、必ず育ち合ってくれている仲間がいるのです。

これは絶対不可欠なことです。一緒に育ち合ってくれている子どもをしっかり確認することなしに、自分の子が育っているとは言えないのです。昔の親が賢くてそういうことを意識して周囲の人に求めたのではありません。自然にそういうことができる地域社会・社会的環境があったのです。

不幸なひきこもりや反社会的な事件を起こしてしまう人というのは友だちがいません。勉強ならできる子が多いのです。社会的人格が育っていないのです。社会的人格というのは他者と交わる力です。それはいきいきと人と交わる力です。今、そこのところが育てられていない子が多いのです。本当に難しい、不幸な状態です。

子どもがいきいきと人と交わるためには、子どもが親といきいきと交わっていることが必要です

いきいきと人と交わる力とは、相手が好まないことも自分はこう思うと言える力です。そして自分が言われたときにも傷つかない力です。相手の思いと自分の思いが違ったときに、それで傷ついたり、めげたり、人間関係が壊れたりしない力です。そういう関係がいきいきとできることが大切なのです。

大切なことなので何度も申し上げます。子ども時代には人間関係の「量」をこなさなければいけないのです。質より量です。

いろいろな人といろいろな交わりをたくさんしておかなければ、重層的な厚みのある人格は育たないのです。第1章でご紹介したエリクソンは小学校時代にいろいろな友だちと交わることが社会的に勤勉に生きていく――社会的人格を形成する上で最も重要不可欠な要件だと言います。

けれども、ただ「友だちと遊んでいらっしゃい」と言えば、それでいいわけではありませんね。

友だちといきいきと交わることができるためには、幼少期に親といきいきと交わっておくという前段階が必要なのです。子どもが親といきいきと交わることができるためには、子どもが望むように子どもにつき合ってあげることが大切なのです。

Q18

園で友だちを叩いたり噛んだりして乱暴な子がいるのですが……

友だちを叩いたり噛んだりするのは、２歳後期から3歳くらいの、言葉が完全でない子どもに多い行動だと思います。

けれども、４歳くらいになっても、理由もなくお友だちを叩いたり、押したり、噛んだり、ひっかいたりという、困った行動が多い子どもへの対応に悩んでおります。

どのようにしたらよろしいのでしょうか。

A

理由もなく叩く子はいません。欲求不満と攻撃・退行です

理由もなく叩く子はいません。これはご質問なさった方に理由がわからないということであって、叩いている子どもには理由があるのです。

問題は、叩かれている子どもに理由があるとは限らないということです。

とてもおおげさな例をあげますと、テロリストによる爆破事件では、テロリスト側にはハッキリ理由があります。ところがたまたまその場に居合わせた一般の人には理由がありません。理由なく人を攻撃する人はいません。けれども攻撃される側に理由があるかどうかは別なのです。

理由は全然違うところにある、つまり、とばっちりや八つ当たりということがあるのです。そこを1つ念頭においてください。

「この子の欲求不満は何だろう」とお考えください

攻撃というのは欲求不満の兆候です。攻撃が激しいということは、欲求不満が大きいのです。この子の欲求不満は何だろうか？　ということを考えなければなりません。

欲求不満の原因が攻撃される側にない場合も多いのです。

例えば連続放火事件では、放火される家の人に理由があることはほとんどありません。理由があるとしたら、放火しやすい家だということです。燃えやすいものが無造作に家のまわりに置いてある、人目につかないところに建っているなど、火をつけやすいというだけのことが多いのです。

幼い子どもが誰かを叩いている場合も、叩きやすい子を叩いていることが多いのです。叩いたら倍返しされるというような子どもを叩きには行きませんね。理由は叩く子側の欲求不満です。

攻撃的な子どもは年齢の割に幼いことが多いです。指しゃぶり、爪噛みをしながら人のことをぶっているという子もしばしばいます。

退行と攻撃と言います。赤ちゃん返りと暴力。欲求不満が強ければ攻撃が大きくなる。赤ちゃん返りも大きくなる。そういうことをご理解いただかなければなりません。その子の欲求不満をなくしてあげなければならないのです。

叩かれた子をなぐさめることは必要ですが、叩いてしまった子の悲しみを思いやらなければなりません

そのときに私たちが心しなければならないことがあります。

理由なく叩かれている子どもに罪は何もありませんから、私たちはその子のことをかばいたくなります。そして叩くほうの子どもを罰したくなります。叩かれる子どものほうはなぐさめられ、保護されるのです。これが一般社会です。警察は叩かれてしまった人を保護し、叩いた人を処罰します。

けれども保育園や幼稚園は警察ではありません。保育や教育は、叩いてしまう子どもをなおしてあげなければならないのです。叩いた子どもを叩かないようにしてあげることが教育です。

叩かれた子は何もしないのに叩かれてしまったのですから、それは悲しいでしょう。腹も立ちます。その子をなぐさめてあげることは大切です。けれども叩かれた子どもの悲しみはそのときだけの悲しみです。

叩いてしまった子どもの悲しみは、生まれてからずっと続いている悲しみです。そのこと

を私たちは思いやらなければならないのです。

はたからは理由なく見える。実際、そのときその場では理由がないのです。けれどもずっと続いている理由があるのです。生まれてこのかたずっと悲しかったのです。ずっと怒りの感情を持っているのです。ずっと不満の感情を持っているのです。ですから、私たちが大きな愛情をかけてあげなければいけないのは、叩いてしまっている子どもなのです。

叩いてしまう子どもというのは、愛に飢えている子どもです。親の愛情に飢えています。そしてその次に園の担任の先生の愛情に飢えているのです。そんなことをしたら愛情を得られないことがわかっているのに、そうしてしまう。そこが矛盾して悲しいところです。

そこのところをわかってあげるのがすぐれた先生です。担任の先生は、叩いてしまった子どものことを大きく保護してあげなければならないのです。なぐさめてあげなければならないのです。

理由はお聞きにならないでください

「どうしてそんなことをするの？」などとは、一切、問わないでおいてあげてください。

どうしてそんなことをするのか？　というのはこちらの感情です。子どもはそんなことを言われても答えようがないのですから。「生まれてこのかた、ずっと悲しかったのです」とは言えないのですから。

何も言わないでおいてあげる。あなたがそうしてしまう気持ちは先生はちゃんとわかっている。悲しいんだね。つらいんだね。叩いてしまった子どもを保護していただいて、言葉にして、あるいは気持ちの上で、おっしゃることは、

「○○ちゃん、悲しかったんだね」

これだけで充分です。その一言で充分なのです。「どうしてそんなことをするの」「二度とそんなことをするんじゃないよ」などとはおっしゃらないことです。こういう対応では絶対に変わりませんから。

そうすると、友だちを叩くと担任の先生はこんなに大切にしてくれると味をしめて、次々に友だちを叩くかというと、そんなことは決してありません。子どもは、自尊心が充足されれば、しっかり自立していくのです。叱責をしているうちはいつまでも友だちを叩くのです。実際にこのことを実践した幼稚園で実証されています。ビデオの記録でちゃんと見せていただきました。

もちろん、叩かれた子どもをほったらかしにして、叩いた子どものことだけ保護したら、これは非教育的です。叩かれてしまった子どももちろん保護してください。叩かれた子どもは、そのときちょっと手を空かせて応援の先生がかけつけてなぐさめてあげてください。叩かれた子どもはそれで充分なのです。

叩いてしまった子どものほうは、大きくなぐさめなければならない。より大きな保護が必要なのは、叩いてしまった子どもだということです。

叩いてしまう子どもの悲しみを癒していただくことがとても大切だということを、ぜひお伝えしたいのです。

Q19

集団行動を好まない子がいます。誘っても入ろうとしないのですが……

いつもひとりでいて、集団行動を好まず、みんなと何かを一緒にするということがありません。

「みんなと一緒に遊んだら」と何度も誘うのですが、あまり反応しません。

どのように対応したらよろしいのでしょうか。

A

集団を好まない子には いろいろなタイプがあります

子どもが「集団を好まない」という場合、1つにああだこうだ言われることがもう嫌だという子どもがいます、言われすぎているので、少しは好きにさせてほしいという子どもです。一番気になるのはそういう子どもです。こうするのがいい、ああすればいいと言われすぎてきた子どもです。そして今までそれを一生懸命しようとしてきた子どもです。

このところは微妙な問題です。海外旅行の例をあげましょう。知らない外国でどうふるまってよいかわからないから、団体ツアーが安心だという人もいます。一方、海外旅行に慣れていて、自分でいろいろなことができるようになっているので、団体行動は嫌だという場合もあるでしょう。

大好きなことに熱中していて、それを中断して集団行動をするのは嫌だという子どももいるでしょう。そして、あれこれ言われすぎて来たので、少し好きにさせてほしいという子どもがいるのです。

タイプの違いを嗅ぎ分けていただきたいのです

ひとくちに「集団を好まない」と言っても、いろいろなタイプがあるのです。まずその子どもが集団行動を好まない理由は何だろうかと考えてみることが必要です。

いろいろなことを自分でできるので集団行動を好まない子どもと、本当にやりたいことがあるので嫌だという子どもと、普段あれこれ言われすぎて来たために、少し好きにさせてほしいという子どもとでは、ちょっと似ているところもありますが、違うのです。問題を嗅ぎ分けていただかなければなりません。

「集団を好まない」という子どもを、十羽ひとからげに考えてはいけないのです。

「○○ちゃん、それはしていいですよ、だけど、後でしましょう。ちゃんとできる時間をあげますから。今は、みんなと一緒にこれをしましょう」

こういうことを、どの程度言ってあげることがよいことなのか。これは私がどの程度と申し上げることではなく、みなさんの教育理念によってご判断いただくものです。個人差がありますから。

日本は集団参加ということが重要視される文化です

日本は制服を持つ文化です。一斉に同じ服を着て学校に行きます。日本の給食は、みんな一斉に同じものを食べます。アメリカの学校はバイキングスタイルで、自分の好きなものを選びますが、日本の給食は単一メニューです。それに合わない子どもがいたら、合わないほうが悪いという発想です。

日本の教育では、集団参加ということが重要視されます。特に障害児教育の場合に、教育や保育の場で、集団参加ができる子どもに、とよく言われますが、ヨーロッパではほとんど聞かれません。

日本は創造的な力を発揮することが弱い、独創的な人が生まれにくい国と言われます。個別の発想よりも集団の理念という傾向があります。一方、日本は犯罪の少ない国です。統制もとれる国です。それは文化の違いです。どちらが良いとか悪いとかいうことではないのです。

集団行動と個性的な行動、一概にどちらがいいとは言えません

どちらが良い悪いではないのです。みなさんがどのあたりのところに中庸《ちゅうよう》点を求められるかということになります。集団行動をとれることも大切でしょう。同時に独自の主体性、個性的な行動をとることも大切でしょう。そういったことを勘案されながら保育や教育をしていただきたいと思います。中庸ということは大切だと思うのです。どのあたりのところをみなさんが教育理念、保育理念とされるかです。

なぜこの子は集団を望まないのか。お話を参考にしていただいて、それぞれの背景にあるものをお考えいただき、どのレベルの子どもか、どのタイプの子どもかということをよく見てくださりながら、ご指導いただくことかと思います。

Q20

いつもひとり遊びばかりしている子が、他の子たちが遊んでいると邪魔しに行きます

いつもひとり遊びで友だちとなかなか遊べない子どもがいます。

そして遊ばないいばかりでなく、他の子が楽しそうに遊んでいると、わざわざ邪魔しに行くのです。

どのように理解し、どう対応したらよろしいのでしょうか。

A

友だちの中にいることにまだ安心していないのです

ひとり遊びばかりで、友だちの中に入れないということは、友だちの中にいることが安心できないのです。友だちの中にいることが安心できないということは、友だちに対して安心感が持てないということです。友だちを信じられないということです。

友だちに対して安心感を持てるためには、まず親に対して安心感を持てなければなりません。親に対して安心できない子どもが、親以外の人に安心することはできないのです。安心できない子どもたちが少年期になって群れをなしたときに、非行が起きるのです。安心できない子どもがひとりぼっちでいるときに、強いひきこもりが起きるのです。

子どもが友だちの中に入っていけないということは、友だちとのコミュニケーションに絶望しているのです。幼い子どもにはそのような強い自覚がないまでも、恐れを感じているのです。不安を感じているのです。もう少し軽く言えば、まだ安心できないのです。

「先生と一緒に入ろう。おんぶがいい？　抱っこがいい？　おひざの上がいい？」

「先生と一緒に入ろう」こう言ってあげてください。そのときに、おんぶしてあげれば入れますか。抱っこしていれば入れますか。先生のひざにのっていれば入っていけますか。こういうところからお始めいただくことです。

　手を引いて無理に入れるということではないのです。慣れてしまえば何とかなるということではないのです。体をこわばらせながら入っているのでは、ほとんど意味をなさないのです。

　抱っこをしてくれる人に対する安らぎ、安心感が、抱っこしてくれている人から離れられるようにしていくのです。そして新しい子どもの世界に入っていかれるようにするのです。「頑張って入りなさい」ではないのです。頑張るのは先生のほうなのです。先生が子どものためにがんばるから、子どもは安心して離れていけるようになるのです、この順序をいつも見失わないでください。

　どんなお手伝いをしてほしいですか。子どもにこんなふうになってほしいというときは、必ず子どもに、どんな先生がほしいのですかと問いかけてください。

友だちの邪魔ばかりする子の心のうち

他の友だちの邪魔ばかりしているように見える子も時々いますが、他人の邪魔をするという行動には、いろいろなパターンがあるのです。幼い子どもたちであれば、最初は多くの場合、保育者の邪魔をします。保育者の関心を買うためです。「こっち見て」行動です。保育者が嫌がることばかり、次から次へとします。

相手が嫌がることをして、実は、それでも私のことを好きですか？　それでも私のことに関心を持ってくれますか？　とテストしているのです。

自分のことを好きですか？　と問いかけるのなら、こちらが喜ぶことをすればよいのにと思うでしょうが、これは私たち大人の心理です。相手がいちばん嫌がることをわざとします。そうしたらますます嫌われるのに、そんな理屈がわからないのだろうかと大人は思います。だけどできないのです。人間というのはそうなってしまうのです。それが「注意獲得行動――こっちみて行動」です。

そういうかたちで屈折して大きくなって、暴走族は人通りの多いところで暴走するのです。見物人がいなければならないのです。

邪魔する子どものほうに大きな配慮をしてあげてください

愛に飢えている人は、邪魔ばかりするのです。最初はお母さんやお父さんの邪魔です。ところが、邪魔をしたりするとひどく叱られる。そうすると恐くて邪魔できません。

暴走族もひとり残らず検挙されて、厳罰に処せられるということになれば、暴走はしなくなるでしょう。そしてまた別のことを考えると思います。親から厳しく叱られると、別の人のところにそれを持っていくのです。保育園で保育士さんに、それでも充分でなければ、さらに持ちこします。集団で先生のところに持っていくのです。いじめや校則違反といったこともそうです。人の邪魔をする人というのは、みんな愛に飢えているのです。

小さいうちは、まだかわいげがありますが、大きくなるほどかわいげがなくなってきます。小さいうちから、もう既にかわいげがないという子どももいますが、小さいうちに、かわいいと思ってくださらなければならないのです。

友だちの遊びを邪魔してしまう子どもを、叱ってはいけないのです。繰り返し申し上げますが、邪魔をする子どものほうに大きな配慮をしてください。邪魔をされた子の悲しみは、そのときだけの悲しみです。ですからそのいっときをなぐさめていただけばよいのです。

友だちの邪魔をせずにはいられない子どもの悲しみは大きいのです。その子どものほうを大きくなぐさめてあげてください。

幼い子どもの行動は原型ですからわかりやすいのです。子どもたちの問題をよく理解されると、大人の犯罪行為の意味がよくわかります。ひどい犯罪を犯す人というのは大きな悲しみがあったのだと思います。

ウソもそうです。誰でもいろいろな程度にはウソをつきます。ウソをつくというのは自尊心を守ろうとしているのです。大きなウソをつく人ほど自尊心がないのです。

幼いうちほど大人の愛情が沁みとおります

幼いとき、幼児期や小学校期までは、まだ守ってあげられます。だんだん守ってあげることができなくなります。そして大人になれば罰せられてしまうのです。本当は難しい問題です。物の道理をわきまえればわきまえるほど、裁判官や判事は苦悩されると思うのです。

こういう生い立ちがあり、こういう環境があり、こういう半生があったら、こうなってしまうのもやむを得ないだろうといつも思います。ある意味では、ぎりぎりのところまで考えれば、みんな無罪だろうと本当は思います。

人に迷惑をかける人は、裏を返せば、生い立ちの中でずっと、いろいろな人に、子ども心に迷惑をかけられるような育てられ方をしてきたのです。いろいろな苦しみを抱え、いろいろな悲しみを本当の意味で解消しないできてしまった人が多いのです。愛にあふれた環境で育ってきて、人の生活の邪魔をするような人格はできないのです。

こういう問題は、できるだけ幼児のうちに考えたいのです。できれば小学校くらいまでに。やむを得ない場合には、中学でも高校でも大学でも、大人になってからでも考えるわけですが、小さいうちにこそできるだけと思うのです。

友だちの邪魔ばかりしてしまう子どもを保護してください。その子を愛してあげていただきたいのです。友だちの中に入っていくためには、先生が抱っこして入ってください。

友だちを邪魔したらケンカになります。ケンカになったときには、ケンカ両成敗と両方を裁くのではなく、両方を保護してください。幼いときであれば一層です。そして、邪魔してしまう子どもの悲しみのほうが大きいのだということを知ってください。

小さいときほど、そういう気持ちになることができますね。子どもの気持ちをわかってあげることができます。大きくなればなるほど許しにくくなるものです。

相手が小さくてもできないという方は、別の世界でお仕事をされたらいいと思います。たとえ幼い子どもでも許せない、そういう気持ちが抑えられない人は、教育には不向きです。子どもの小さな遊びの邪魔やいたずらということの中にも、そういうことをゆっくり考えてあげられるような保育者や先生になりたいものです。

Q21

言葉の遅れが感じられる子どもへの対応は どうしたらいいのでしょう

園での様子から対話不足による言葉の遅れが感じられる子どもがおります。
そのような場合、子どもへの対応の仕方をおうかがいしたいのです。
そして親へのアドバイスはどのようにしたらよいでしょうか。

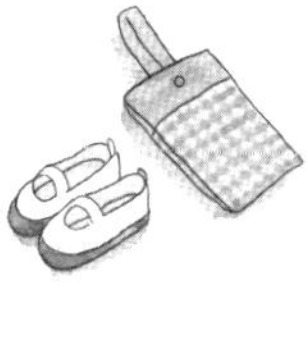

A

朝夕の親御さんとのひと言コミュニケーションをいっそう大切になさってください

基本的には親自身が人とコミュニケーションすることが楽しくならなければいけないわけです。そういう親に対して、できるだけ子どもとコミュニケーションをしてくださいという言い方、発想では多分変わらない、変われないと思います。

親自身がコミュニケーションすることが楽しくなるように、誰かにサポートされなければいけないのです。園では、送り迎えの親御さんとの出会いのときに、ほんのひと言ふた言だけでも快いコミュニケーションをすることだと思います。

言葉の数ではないのです。コミュニケーションというのは気持ちの行き交《か》いです。もちろん快い言葉のやりとりに比例するのですが、心そのもののやりとりなのです。

「今年は天候が不順で大変ですね」というひと言でも、その言葉のかけ方というものなのです。コミュニケーション・マインドと言いますが、そういうものをより豊かにお母さんの中に育てるということがとても大切だと思うのです。

親へのコミュニケーションを根気よく働きかけるということ

子どもがいろいろな人の手の中で育てられることは大切です。けれども子どもは、誰でもいいと思っているわけではないのです。子どもは、自分の親が仲良くしている人の手で、自分の親が信頼している人の手の中で育てられることを望んでいるのです。

幼い子どもは、自分の親が信頼していない、信頼しているかどうかわからない大人の中で育てられることには不安を感じるのです。ですから、子どもがここは安心できる場所だと感じるためには、親自身がそこで安心しているということ、相手を信頼しているということの影響が大きいのです。

そういう意味からも、朝夕のほんのひと言の対話を通じて、若いお父さんお母さんが心を開けるように、ほっとできるようにしていただけるとよいのです。

どうも情緒の発達が思わしくない、表情が豊かでない、言葉の芽がしっかり育っていない。そう思われる子どもがいたら、そういう子どもたちの保護者の方との朝夕のコミュニケーションをいっそう大切にしてください。

何週間後になるか何か月後になるかわかりませんが、お母さんのほうから、ひと言でもふた言でも、おしゃべりをしようという姿勢を見せ始めたときには、これは間違いなく、子どもにもそういう感情は向かっていきます。子どもはそのぶんだけ、情緒的、言語的刺激を与えられるようになっていくということになるのです。

働きかけ続けることによって確実に変わっていきます

ある心理学者がこんなことを書いていらっしゃいました。

若いお母さんに、おむつを取り替えたりするときでも赤ちゃんにたくさん声をかけてあげるといいのですよと話したところ、「でもこの子はまだ言葉が理解できませんから」と言ったというのです。

これに類したお母さんはいると思うのです。おむつを換えるときでも、子守唄のような、情緒的なつながりを大切にして言葉をかけるということが大切なのであって、それが子どもの心を開き、子どもの言葉に対する感受性を育てていくことになるのです。

お母さんが気持ちよく人とおしゃべりができる、コミュニケーションができる、心を開くことができるという感情を皆さんが育ててくださることは、コミュニケーションが家庭や地域社会の中に不足していることの影響を受けている子どものためには、大きな意味があると思います。

ある保育園の職員の方々との勉強会でうかがったのですが、そういう働きかけを続けていると、お母さんはやはり変わってくるということです。朝晩のちょっとしたコミュニケーションを心がけているだけで、何週間かするうちに（何か月かかかる場合もありますが）確実に変わってくるということを確認しましたと、何人もの方からうかがいました。

一回で変わるものではないのです。何十回も、もしかしたら何百回かもしれません。続けて心がけているうちに変わってくるということで、その影響を子どもがまた受けていくという意味合いで、広い意味でかつて言われた家族性、文化性の言語の遅滞ということに関しては影響を持ち得るかなと思います。

ままごと遊びで「違うお母さん」を演じられなくなった子どもたち

ある地域の保育者の勉強会で、教えられたことがあります。子どもたちがままごと遊びができなくなった。はっとしました。それで各地の園を訪問する度に聞いたのです。どこでもそういう傾向がありました。そして近年では本当に顕著になりました。

保育園でこういうこともうかがいました。

かつての子どもたちは、ままごと遊びのたびに、違うお母さんを演じたものです。聞いてみると、○○ちゃんのうちにいったら○○ちゃんのお母さんがこうしてくれた。親戚のおばさんのうちにいったらこうしてた。お母さんのほうのおばあちゃんがあんなことをしてくれた。お父さん方のおばあちゃんはこうしてくれた。自分のお母さんだけでなく、他のいろいろなお母さんがしてくれたことから、ああいいなと思ったものを集めて演じたのです。

今の子どもは自分のお母さんをそのままにしか演じないのです。家庭のプライバシーがまる見えなので、ままごと遊びを見ることに罪悪感を感じるくらいだとおっしゃった保育士さんの言葉が印象的でした。

親は保護者であって教育者ではありません

指示や命令ばかりするのは保護者ではないのです。子どもは保護者を求めているのです。教育者を求めているのではありません。特に先生と呼ばれる職業の人たちは注意しなければなりません。

私はある医大の小児科で、非常勤講師を20年ほどしていたことがあります。医局の若い女性医師がお母さんになると、必ず言ったことがあります。

「うちへは先生の顔をして帰ってはだめですよ。うちへはお母さんで帰らないといけません」

私自身、絶対医者の顔をして帰らないようにしていました。聴診器など決してうちへ持って帰りません。白衣を着ている写真などまずうちには置きませんでした。

子どもが病気をしたときも、自分でできる程度のことであっても自分で治療はしませんでした。子どもが小さいうちは父親でありたいと思いました。うちに帰ったら保護者なのです。このことを絶えず医局で言い続けました。そしてずいぶん年月が経ちました。

あのとき言われたことが本当によかったと何人もの職員の方たちから聞きました。思春期青年期を迎えた子どものことで多くの医者が悩んでいる。ところが当時の医局の仲間にはそういう悩みがないのだと。

今の子どもは、うちに帰っても先生みたいなお母さんがいるのです。大きくなったらそういうお母さんになりたくないのです。

ペットの犬でいるほうが無難だと、思っているのです。血統書がついているのですから。いつも膝にのせていい子いい子となでられているだけです。ピアノの練習をしなさいとも言われません。勉強しなさいとも言われません。せいぜい「待て」と「お座り」くらいです。これは実は大変深刻な問題です。

みなさんの園では子どもたちはいきいきとままごと遊びができますか。ままごと遊びは言ってみれば、家族を再現するということなのです。

園で今できることは何か？

だからということで、お母さんたちに「こうしてください」「ああしてください」とみなさんが指示をされてはダメなのです。お母さんの「先生」になってしまってはいけないのです。先生の因果なところは、思ったことをすぐ伝えたくなることです。そしてそれを指示や命令調で伝えてしまうことです。

治療者はどうすると効果的に伝えられるのかということを考える訓練を受けます。こうなってもらいたいと思ったら、すぐそれを伝えてしまうのはヤブ医者です。先生も同じだと思います。自分の希望をすぐに一方的に伝えたくなるのはヤブ先生です。

大切なことなのでいつも申し上げますが、自分の言うことをよく聞いてもらったあとでなければ、人の言うことを聞けるようにはならないのです。子どもも大人も同じです。愛されてきた人しか人を愛することはできないように、自分の言うことをよく聞いてもらってきた経験を持たない親は、幼い子どもの言うことをゆっくり聞いてあげることはできないのです。お母さん自身がくつろぎを感じられるような人間関係を経験されることが必要なのです。

けれどもそれは保育園の役割の限界を超えています。保育園でできることは、朝夕、ちょっと気がかりな子どもの保護者を気持ちよく受け入れて、気持ちよいひと言の会話を交わすということです。これが精いっぱいの役割だと思います。けれどもこのことには大きな意味があるのです。

ままごと遊びができなくなった子どもたちは、自分の家庭を誇らしく思っていないのです。自分が大人になったときにこうなりたいという肯定感を実感していないのです。お母さんみたいになりたいと、お父さんみたいになりたいという気持ちを、どう子どもたちに育てられるかということをお考えいただくことが園の役割かと思ったりします。

Q22

園の担当クラスの子どもは自閉症なのですが、言葉で伝えるのが苦手で、友だちを押したり噛んでしまいます。話もよく聞きません

幼稚園の担当クラスに自閉症の女の子がいます。先生の話を聞かないで、よそを向いて鼻歌を歌ったりしています。

お友だちに自分の気持ちを言葉で伝えられず、押したり噛んだりしてしまいます。

偏食が強く給食ではおかずを食べようとしません。

幼稚園ではどのように対応していったらよいでしょうか。

A

特性をしっかり理解して保育をなさることです

自閉症の子は一人ひとり違いますが、共通点を持っています。その共通点で自閉症と診断されるのです。この子たちを育てるときは共通する自閉症の特性をしっかり理解しなければなりません。

自閉症の子は聞いて理解することが苦手です

ご質問に「先生の話を聞かないで」とありますが、先生の話を聞いている自閉症の子など滅多にいないでしょう。

自閉症の子は聞いて理解することが苦手なのです。

それ以前に、言葉が意味を持っているということを理解するまでが困難なようです。まずこのことを承知いただかなければいけません。

能力が高く言葉をかなり覚えている子でも、言葉の理解の仕方は一般の子と同じというわけではありません。ああもとれる、こうもとれるという言い方は避けなければいけません。言葉を字義通りに捉えてしまうということもあります。

例えば「花を3つ描いてください」と言われたら

小学校で図工の時間に先生が「花を３つ描いてください」と言ったところ、「花」という字を３つ書いた子がいます。図工の時間に漢字の書き取りをするはずがないということにはならないのです。

こういう場合は例えば、「花の絵を３つ描いてください」と言うといいのです。

花の絵を３つと言っただけでは描けないけれども、チューリップとバラとアサガオというふうに具体的に花の種類も言ってあげれば、それを描くことができる子もいます。

こういうところに配慮できるかどうかが、自閉症の子どもを保育教育するときに大切になります。

私たちは感情的になればなるほど、自閉症の子どもにわかりにくい言い方をしてしまいがちです。

「どうしてそんなことするの？」

能力の高い子はどうしてか？　と本気で考えるでしょう。

「さっき言ったばかりでしょう！」

確かにさっき言ったということは事実だ、ということで終わりです。

「何度同じことを言わせるの！」

何度だったか、一生懸命思い出すことになります。

言葉は短く、絵や写真で示し、こうするといいと伝える

自閉症の子は一般に目で見て確認できることはよく理解します。よく覚えます。ジグソーパズルが上手な子がいます。少し大きくなってルールを覚えると、トランプの「神経衰弱」がとても強い子がいます。目で見たものを記憶する力が高い子が多いのです。

言葉で伝えるときはごく短く、実物や写真、絵を示して伝えてあげるとわかりやすいのです。その子にわかりやすいように、写真カードや絵カードを作ってあげるといいのです。

そして大切なことは「○○してはいけない」ではなく、「こうしなさい」「こうするといいです」と伝えることです。

代わりにすることまでしっかり伝えてあげてください。

気持ちを伝えることが苦手です

「自分の気持ちを伝えられず、友だちを押したり噛んだりしてしまう」とありますが、自分の気持ちを伝えることが非常に苦手です。相手の気持ちを感じ取ることも苦手です。

ですからマイペースです。自分勝手に見えます。自閉症を理解していない人からはいろいろな場面で叱られてしまうのです。

感覚の違いもいろいろあります

感覚知覚にもいろいろな違いがあります。そっと触られるような感覚を嫌がることがあります。ある種の音に非常に過敏なことがあります。一方、痛みや寒さに強いように見える子もよくいます。

「偏食が強く」とありますが、味覚も違うことが多いようです。偏食は無理に直さないことです。私たちが食べているものを食べないからといって、それを食べさせようと訓練するのではなく、必要に応じてその子が食べられるように、調理の仕方や供し方を工夫してみるといいでしょう。

よくできることが目立つので、苦手でできないことを理解されにくい

一度通った道順を確実に覚える子がいます。電話番号や生年月日をよく記憶している子がいます。カレンダーに関する特殊な能力を持つ子もよく知られていますね。とてもよくできることがたくさんあるのです。一方で他の多くの子どもたちがあたりまえのようにできていることができないのです。ここのところで誤解されやすいのです。

トランプの神経衰弱がずばぬけて強かったら、みんなより頭のいい子だと親は思うでしょう。文字を早くから覚える。漢字の書き取りがクラスでも上位に入るくらいよくできる。そうしたら勉強がよくできる子だと思いたいでしょう。本当はよくわかっている子なのだから、そう誤解されてしまうのです。

文字は書けても作文はできない。しゃべっているほどには相手の言葉を理解できていない。一般の子どもは自分でしゃべることよりも聞いて理解できることのほうがはるかに多いのですが、自閉症の子はそうではないのです。そういうことがなかなか理解されにくいのです。

弱視の子に、そんなに頭がいいのだから見えるでしょうとは誰も言いませんね。難聴だと言われれば、他のことがどんなにできても聞こえないのだということはわかるでしょう。け

れども自閉症の場合は、どういうことができないかが周囲にわかりにくいのです。

知識がないために、むやみにみんなと同じことをさせようとして、苦手なことやできないことを無理にさせて、苦しめ、傷つけ、不幸なことにしてしまうことがしばしばあるのです。

みんなのようにさせるのではなく、違いを踏まえて、私たちのほうが自閉症の子に合わせる

大人になった能力の高い自閉症の人が共通しておっしゃることは、私たちは皆さんとは違う。この違いをしっかり認めてほしいということです。

みんなと違うということ、違いをしっかりわかって、違いを踏まえて育てることが大切です。ただみんなのところに入れておけば、みんなのようになるのではないのです。

この子たちをいきなりみんなの中に入れて、みんなのようにしなさい、などというのは過酷なことなのです。

自閉症の特性を理解した上で、その子に合わせていろいろな工夫をしていくことです。その子に合わせた個別の教育が必要なのです。ですから優れた専門家のところで定期的にいろいろなふうに調節しながら育てていかれるといいのです。

自閉症の子を私たちに合わせようとするのではなく、私たちのほうが自閉症の子に合わせ

るのです。

この子に合わせて、どうしたらよいかを考えるのです。

そうすると結果としてどんどん力を発揮できるようになります。育てることがらくになっていきます。私たちも寄り添いやすくなるのです。

Q23

園でちっともじっとしていられない子がいるのですが……

集団の中で一時もじっとしていられない子どもがずいぶんいます。ひとりにばかり手をかけるわけにもいかず、悩んでいます。どのように理解して、どう対処していったらよいのでしょうか。

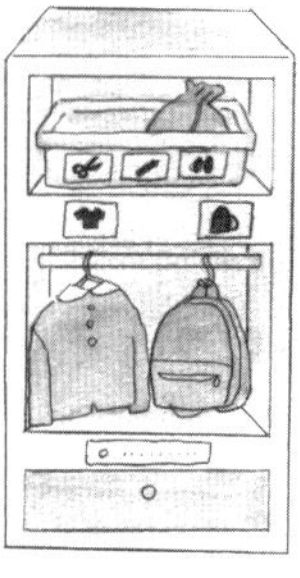

A

じっとしていられない子どもというのは、基本的には2種類あります

いろいろな子どもがいると思います。

じっとしていられないという場合、基本的には２種類あって、その両方が交じり合っていることもあります。

１つは神経のしくみの統合力が悪い場合です。ひと言で言うと、神経のしくみがひどく不器用な場合です。こういう子どもは落ち着きがないのです。ＡＤＨＤ（注意欠如／多動性障害）や、そういう要素を兼ね備えた自閉症の子どもの場合に、脳のしくみの問題から、一時もじっとしていられないということがあります。

もう１つは不安の強い場合です。不安の強い子どもは落ち着きがないのです。子どもの場合は、不安と不満というのは隣り合った領域ですから、不満も同様です。そして、この両方が組み合わさった子どももたくさんいるのです。そういうことをまず知っておいてください。

子どもは精神的な問題が行動になって表われる

人間は、不安が強いときには落ち着きがなくなります。ＡＤＨＤのような神経学的な弱さを持っていない人でも、不安があると落ち着きがなくなるのです。いてもたってもいられないという衝動があることがあるのです。

わかりやすい例をあげましょう。飛行機がどこかで消息を絶ったとか、雪崩があって登山のパーティが被害に遭ったらしいというときに、家族が呼び集められて情報を待っているところで、いてもたってもいられず、そわそわしている人がありますね。

時間までにどうしても行かなければならない用事があるときに、電車が遅れた。ベンチを立って何度も何度もホームの端まで行く。「少し落ち着いて座っていなさい。見に行ったたって電車が早く来るわけじゃないんだから」とたしなめられる。

ここで言葉を整理しておこうと思います。「不安」と「恐怖」は、どちらも怖れを表わす言葉ですが、恐怖という場合には、恐れている対象がはっきりしているのです。対人恐怖とか高所恐怖とか、対象がはっきりしている場合が「恐怖」です。

不安というのは、対象がはっきりしない場合です。何がというはっきりしたものはないが、おそれがある。安心できない。あるいは満たされない気持ちがあるのです。

不安が強いとき、人は落ち着かないのです。

子どもの場合は、大人のように精神的な症状で表われないのです。子どもの症状は行動になって表われます。大人になると精神機能が分化して来ますから、精神症状を出すのです。子どもは、精神と身体が分化していませんから、精神的な問題が行動になって表われるのです。

幼い子どもの保育や教育をする人は、子どもの行動を見る力が必要です

幼ければ幼いほど、行動がおかしくなります。ですから行動を見る力がないと、子どもの精神科の医者はつとまらないのです。幼い子どもの保育や教育をなさる方も、行動を見る力が必要だと思います。

皆さんができることは、不安をなくしてあげることです。園や学校では、その子どもの不安をどうしたら少しでもなくしてあげられるかということを考えることです。いろいろ考えてあげてください。この子どもは、どうすると少しでも喜びや満足が得られるだろうか。

そして知っておいていただきたいことがあります。そういうことを、園や学校で両親と協力してお考えになる場合に難しいのは、子どもの状態をダイレクトに伝えた場合に、両親の

不安が強くなって、子どもの状態がよりひどくなることがあるということです。

ですから、多くの場合、両親ともども不安を解消してあげるという方法がよいのです。ご両親を受容する力が必要です。両親が安定することによって、子どもに間接的によい影響が行くようにすることです。

中枢神経系のしくみが不器用な子どもへの配慮

もう1つの中枢神経系のしくみが不器用という、統合障害がある場合です。

こういう子どもたちは、何かに熱中するとか没頭するというような、神経を集中するものがあるとよいのです。難しすぎる課題では余計落ち着きがなくなりますから、ほんの少しやさしい課題、あるいはその子の好きな課題があると、落ち着きやすくなるのです。

また、神経のしくみが不器用な子どもは、身体を使った常同《じょうどう》反復的なことで落ち着く傾向があります。泣いている赤ちゃんを抱いて揺すってあげると、落ち着くということがありますね。まだ神経のしくみが不器用な赤ちゃんは、常同反復的な動きを与えてあげると落ち着くわけです。それでこの子たちはトランポリンやブランコを好むのです。

それからブロック遊びのように目に見えてパターンがしっかりしているもので落ち着く傾向があるのです。繰り返し行動やパターンが決まっている活動がよいわけです。こういうことを、必要に応じて選んでください。

落ち着きのない子どもに、臨機応変の課題を与えたら、ますます落ち着きがなくなります。頭の中で想像力を働かせる活動のまとまりが悪いわけですから、ますます不安定になるのです。まとまる方向に持っていってあげなければなりません。

神経のしくみの不器用さというのは一種の成熟障害です。年齢不相応に神経のしくみが幼いということです。知能の障害とはまた別です。神経のしくみの不器用さが原因の場合は、環境や課題の与え方で改善していただくことです。

そして、基本的に大切なことは、それぞれの子どもの不安をやわらげてあげる、不満を小さくしてあげるということです。

Q24

問題を起こすひとりの子のために園のクラス全体が混乱しています。親にどう助言をしたらいいのでしょうか

保育園に勤めております。

30人のクラスに問題を起こす子がひとりいて、その子ひとりのためにクラス全体が混乱して、他の先生方から担任の対応が悪いからだと言われたり、親御さんから苦情が殺到してという事態になっています。

親に助言をしたらとも思いますが、状況によっては言ったことで、ますます追いつめてしまうとも思います。力不足を痛感しています。

A

どういうことが相手を助ける言葉になるか？文句にならないよう注意しなければなりませんね

こういう場合に難しいのは、助言でなく文句になってしまうことがあるのです。お宅のお子さんに困っているのです。お父さんお母さん、おうちで何とかしてくださいよという気持ちでおっしゃるのは助言ではありませんね。相手の立場をよく思いやった上で言ってあげることができれば、それは助言になります。こちらの大変さを少しわかってくださいという言い方では、それは頼み込んでいるだけで、助言にはなりません。

助言というのは、相手を助けることですから、助ける言葉になっていることであれば、おおいに助言なさればいいのです。どういうことが助けることになり、どういうことは助けることにならないかということです。

園で困ったことをする子に どんなふうに愛情をかけてあげられるか

私が思うには、力不足というより、多分、やり方が不足しているのだと思うのです。

繰り返し申し上げて来ましたように、ごく普通の人間の自然な感情では、そういう子どもを愛するのは難しいことなのです。できることなら園から去ってほしいという気持ちが私たちには誰にでもあると思います。

そういう子どもは愛を求めているわけです。そういう子どもたちが日本ではだんだん増えてきています。そうすると現代の社会で保育士や教師をすること、この時代にカウンセラーや精神科医をするということはどういうことか、ということなのです。

その時代ごとに、この時代に何をすべきか、どういう役割を負うべきかということがあるのです。昔のように、家庭の育児機能あるいは地域社会を含めての育児機能が充分にあった時代は、保育園は基本的には託児所でよかったのです。一時預かりで充分だったのです。家庭や地域社会で子どもを育てることができた時代は、保育園で子どもを育てるとか、そこで子どもの健全な発達を促すというような発想はほとんどなくて平気でした。そういう時代と今とでは、保育園の意味は全然違うのです。

それは学校も同様です。大学などは本当に変わりました。大学でさえそういう役割が必要な時代になったのです。私が学生の頃は、大学教授がこんなことまで学生に配慮するなどということはあり得ないことでした。それは大学生が自立していたからです。今の大学生は自立していませんから、大学教授も大変なのです。

この時代に保育や教育に携わる仕事をするということはどういうことかをよく知っていなければなりません。それができなかったら、今の時代にはその仕事は向いていないということです。このことを保育や教育に携わるみなさんはしっかり念頭に置かれなければならないのです。

園で困ったことをする子ほど愛情を求めている。その子にどういうふうに愛情をかけてあげるか。愛情が及ばない限りは事態はよくならないわけです。例えばお母さんに助言をなさる場合、お母さんがその子に愛情をかけられるように手助けできれば、それが助言です。ところが言い方によっては逆効果になるわけです。それは事態を悪くするわけですから、助言にはなっていないということです。

子ども一人ひとりを「えこひいき」するという発想

前にもお話ししましたが、こういうことも1つご参考に申し上げます。ある児童養護施設にたいへん優れた先生がいらっしゃいました。F先生とおっしゃいます。その後、別の施設へ施設長としてスカウトされて行かれましたが、主任指導員をしていらしたときに、職員におっしゃったことです。

子どもはひとり残らず、えこひいきしてください。

児童養護施設というのは、家庭での養育困難という子どもが生活するところです。親から拒否された、時には虐待されたという子どもも多くいます。ですから今のような難しい子どもが大半を占めるのです。そういう子どもたちをどうケアするかということです。古い時代の施設は（今でも一部あるかもしれませんが）、厳しく取り締まるという方法をとっていました。しばしば体罰もありました。

子ども一人ひとりを可能な限り、徹底してえこひいきしてください。集団生活の中でえこひいきという発想はとても難しいように思えます。けれども、それぐらいの気持ちを持たなかったら、この子たちは立派な社会人になっていかないのです。自立していかないのです。

F先生はおっしゃいました。子どもを一人ひとりえこひいきしてあげる。こちらがその気になればできるのです。その気にならなかったらできません。こんなに大勢の子どもを、自分たちはひとりで見ているのだという発想を最初に持ってしまったらできなくなってしまいます。たったひとりの子どもにできない親がいるのです。ひとりの子どもを虐待してしまう親もいるのです。こちらがその気になるかどうか、ということが大切なのです。

この時代に保育者であることの社会的使命

簡単にはなれないでしょう。この子がいるから苦労が大きいのですから。どうしたらその子をえこひいきできるか。

私は自分でもたくさん経験してきたのですが、私は祈るのです。自分の中で静かに祈るのです。あの子どもに愛が湧きますように。信仰をお持ちにならなければならないという意味で申し上げているのではありません。私の中にあの子に対する愛を湧かせてほしい。祈りにも似た気持ちです。

そういう子どもは、ある努力をちょっと継続してごらんになれば、とてもいい反応を示してきます。愛を欲している子どもですから、愛が実感できれば、この人は自分の味方なのだとわかれば、自分のことを本当にわかってくれる人なのだとわかれば、自分のことを愛してくれているのだとわかれば……。

伝わるまで時間がかかります。今までずっと虐《しいた》げられてきたのですから。傷つけられてきたのですから。傷つけられている人に、肯定的な愛の感情を呼び戻させるには時間がかかるのです。ところがある時期からうまくいき始めた。そのときのかわいさというのは何とも言えません。そこまで継続して努力していただくということです。

そしてどうしてもうまくいかなかったら、担任を代わってもらうのです。精神科の医者でも主治医の交替はしばしばあることです。あっておかしくないのです。そのことだけですぐ失格という意味では決してありません。この子とは、この患者さんとはどうしても合わない。こういうことはあり得て不自然ではありません。

この時代に、保育者であり、教育者であるということはどういうことなのかということをお考えにならないとなりません。職業者に皆、使命があるのです。この時代にこういう仕事をするということの社会的使命は何か、ということを追い求めなければいけないのだろうと私は思います。

Q25

障害があるのではと気づいてすすめた3歳児健診で、「何でもなかったです」と言われたお子さんがいます。健診の場で見逃されるものでしょうか

園でお子さんに障害があると気づいたとき、専門家によくみてもらおうと3歳児健診の受診をおすすめします。

ところが健診の結果何でもないと言われましたということがあるのです。

とくにＡＤＨＤやアスペルガータイプの高機能自閉症の場合に、何でもないと言われることが多いようです。いつも見ている園の者には明らかにわかるのですが、健診の場では見逃されるものなのでしょうか。

A

優れた専門家であればほとんど見逃しませんが……

中には実際に健診をする人が無知で、何でもないと言ってしまうこともあるかもしれませんが、優れた専門家が見逃すということはまずないと思います。

ただし明らかに障害があるということがわかっても、親にそのことを受け入れる力がまだないと思われるときには、それを伝えることができないのです。親に受け入れる力がないとき、どういうことになるか予測できないからです。もちろん何でもないと断定的に言うようなことはしません。

もしそこで曖昧なことを言ってしまうと、親には何でもないと思いたい気持ちが強くありますから、結果として何でもないと言われたということになってしまうこともあるでしょう。そういうときに優れた専門家でしたら、断定的に理解できていても、「ちょっと気になることがありますから、しばらく経過を見せていただきましょう」と言うと思います。

本当はちょっとではないのです。ハッキリわかっているのです。そしてフォローアップしていき、あるときキチンと伝えるのです。私たちもそういうことをずいぶんいたしました。

告知を受け入れられない親の場合

近年、告知を先送りせざるを得ないことが多くなってきました。20年前、30年前は、その場で伝えることもできました。これは障害のある子の親に限りません。自分にとって苦悩になること、つらいことを受け入れる力が、かつての日本人にはもっと豊かにあったと思います。

私たちは本当に弱くなりました。自分に不利なこと、嫌なことを受け入れる力が弱くなりました。

「何でもない」「大丈夫」——相手が確実にそう判断してしまうようないい加減な言い方をしてはいけないのです。そしてその場で伝えることができないのなら、決してそこでおしまいにはしないのです。1か月後、3か月後、次回の約束をするのです。

「何かあったらまた来てください」——それでは、何があったら来ればいいのでしょうか。

「何か」ということを、誰が判断するのでしょうか。

「私が見せていただきたいから、1か月後にいらしてください」「こういうところがちょっと心配ですから、1か月後にまたお会いしましょう」

専門家のほうでそのようにしなければなりません。

告知は相手の気持ちになって想像力を働かせ、最大限の配慮をもってされなければなりません

そして告知する側は、自分の子どもに障害があって、そのことを伝えられるとしたらどんな気持ちになるだろうか、自分の中で充分に想像しなければなりません。自分の言葉が相手にどんなふうに受け取られるか、どんな衝撃を与えるか、どんな悲しみを与えるか、そういうことに対する想像力が働かないような人は、伝える役を負ってはいけないと思います。

私はそういうことが充分できるなどとは申しませんが、そういう配慮、努力を一生懸命してきたつもりです。私は両親揃っているところで伝えることを大原則としました。なぜかというと、一緒に伝えられると一緒に悲しみやショックを分かち合えるからです。そうするとそのあとの両親の協力の仕方がおのずと違ってくるのです。

相手がどんな悲しみを受けるかということを、相手の立場になって、思いやりというより想像力をもって、それなりに努力をしてきたつもりです。

それでも、「あのときの先生は鬼のように見えました、こんなにつらいことを平気で言って」……そう何人もの親御さんから言われました。こちらは全く平気ではない思いで言っていたつもりでも、やはり親御さんからすればそう思えるのです。

Q26

障害児担当の保育士です。年長で園に入ってきた男の子とのかかわり方を教えてください

年長で保育園に入ってきた男児のことです。３歳児健診で言葉の遅れがあり、行動が人より多動ということで、施設に通っていました。課題などだいぶできるようになり、「小学校に入る前の１年間、保育園か幼稚園に行ってみたら」と、施設の先生に言われてうちの園に入ってきました。

初めは目が合わなかったので、ちょっと気になる子だなと思いました。園に入ったのがうれしかったようで部屋中ぐるぐる回り始め、１か月ぐらい各部屋を回ってみたり、外が好きなので外にずっといたり、高いところに登ったり、水が好きで水を流してみたり、そういう行動が表われました。

私は障害児担当なので、いつもその子の行動が危なくないようにしています。始終付き添っていることもあり、安心しているのか私に話しかけてくれたり、困った状態になったら「先生やってください」と私を呼びます。

みんなの中にはなかなか入りたがらないです。ご両親から、集団の中でみんなと一緒に課題をしてほしいと言われ、無理強いするような形で部屋に入れてみましたが、パニック状態を起こして泣いたり騒いだり、私の腕を噛んだり叩いたりと精いっぱいの抵抗を示してきました。

こんなことで本当にいいのだろうかと、しばらくはその子のやりたいように過ごしてみました。だんだん落ち着いてきたので、製作をやっているようなときに少し誘ってみると、部屋には入っていくようになりました。

好きなことを集中してやったほうがいいかと思い、図鑑を見るのが好きなので1対1でそういうことをやったりしています。

本児へのかかわり方を教えていただきたいと思います。

A

毎日習慣的に取り組む日課を目でわかるように教えるといいでしょう

ひと言でいうと、自閉症は目に見えないものの理解が極端に弱いです。だから言葉の理解は非常に悪いです。もっとも目に見えないものである相手の気持ちを察するということは、ほとんどできません。相当高機能の人でIQが110とか120あってもなかなかできにくいですね。

目に見えないルールや暗黙の了解があるゲームには参加できません

友だちとどうやって遊ぶかというルールは見えないからわかりません。ところが目で見た物を識別する、区別するとか記憶する力はありますので、話し言葉は身についていなくても文字を覚えたりすることはあるようです。トランプの神経衰弱とか目で見た物を暗記するゲームは一般の子どもよりもよくできることがあります。

見えないものを推測する、「暗黙の了解」があるようなゲームには全く参加することができませんし、君にはこういう役割、相手にはああいう役割というようなことを了解することはほとんどできないです。したがって常識がなかなか身につかない。

常識というのは見えないですから。また、みかん、バナナ、リンゴと一つひとつは覚えていきますが、これらの共通点はなかなか見えないので果物という概念はできてこないのです。

予期しないこと、普段やらないことをさせると混乱します

いちばん難しいのは相手の気持ち、相手の立場になるということ。マイペースで自分勝手な行動をしているのは、決してわがままとかしつけがなっていないということではなく、相手の立場が見えないんです。ですから予期しないことが起きると大混乱します。何が起きたかわからない。

急に「これをしなさい」「やめなさい」といったら怒ります。わからないからです。習慣や日課をしっかり守って保育すると、そのことに関しては安定してできるようになります。そうすることが第一です。

保育園の中では、毎日習慣的に取り組む日課からしっかり教えるといいです。例えば、毎

朝、園に来たらこの靴はどこの靴箱に置くか、しかもその子の目印になるマークのようなものを描いたりするとさらにいいです。目で覚えますから。

そして部屋に来てスモックに着替える、鞄を自分のロッカーに入れる。給食のときにはどこへ座って食べるといった具合に一定の手順で。

でもその日によって出る食べ物が違うとこの子たちは混乱しますから、予定しない食べ物が出ると、とても強い偏食があったりします。

給食の当番がその日によって違う、1週間交替とかだとわからないですから、やるなら一年中やる。しなければ毎日やらないというようにどちらかに決めたほうがいいです。他の子は交代でもいいですからね。普段やらないことをやると行事のたびに混乱します。

一つひとつ、ていねいに教えていくことが大事

要するに、毎日が絵に描いたような習慣を繰り返すことから始めないと、この子は何も身につきません。回転行動が多く、くるくる回っても目が回らないんです。また、高いところに上がるのが好きですが、めったに落ちることはありません。絶対に落ちないというわけではないから放って置いてもいいということではありません。真冬に氷がはったような水でも平気で遊んだりします。

保育園が比較的、統合の中でうまくいくというのは、保育日課は基本的にパターンが決まっていること、これが学校と違ってある程度いいんです。学校の統合の難しいところは、同じことを二度と繰り返さない、毎日予期しないことが起きることです。

普通は１歳児健診でわかりますが、３歳児健診でわかったということは、ご両親が問題を見て見ないふりをしていたか、問題がないと思い込もうとしていたのかもしれません。

ご両親の気持ちはごく自然です。みんなの中に入れておくとみんなのようになるんじゃないかと思うのですが、自閉症の子どもにひどい苦痛を与えることがわかっています。今では「統合教育」、ノーマライゼーション、インテグレーションという言葉の発祥の地でもあるデンマークやスウェーデンでも自閉症の専門学校を作っています。

それくらい漫然とした統合というのはこの子たちを混乱させるだけで、よくないことがわかってきました。高機能の能力が高い自閉症でも、特殊教育をしっかりとやることが必要です。そういうことを含めてご両親に本当の意味での専門家をお訪ねになることをすすめられるといいです。

必ず毎日すること、習慣になっていることを一つひとつ教えてあげるといいです。そうでないことは、やってもやらなくてもいいよ、というくらいの気持ちで自由な時間を与えていると、混乱せず苦痛も感じないでいいと思います。偏食を直そうなんてことをすると食事全部が嫌になってしまいます。偏食があっても滅多に病気しません。大丈夫です。

Q27

お母さんが元気だと無表情になってしまう不登校の子どもがいるのですが、なぜなのでしょうか？

不登校の小学生についてです。入学後少しだけ登校し、「家庭で転んですりむいたのでもう来られない」と学校に電話がありました。その後ケガはだいぶよくなりましたが、なかなか登校できないことから、お母さんと話をし、教室の中にいるときはお母さんが学校の図書室などで待っていることになりました。

ある日、子どもがちょっと気持ち悪いと言うと、「それじゃあすぐ帰ります。今日はこれでさようなら」とすぐに帰ってしまいました。子どもが元気にはしゃいでいると、元気がなくなってくる、体調を崩すようなお母さんでもあります。

お父さんにお話を聞くと、「外へ自由に行って来ていいよ」とお父さんが言って、家の外ではとても元気なのに、帰ってきてお母さんの顔を見たとたんにものすごく泣きじゃくったこともあったようです。

お父さんはエリートで、海外駐在時に子どもを家に置いておくと訴えられる法律があったことから、自分の視野から見えなくなるとお母さんは不安になると言っていました。学校を信用しないという態度がお母さんには見られます。お父さんはこの子は学校に行ってしまえば元気にやれるという思いを持っているようです。その一方、お父さんは子どもが学校に行ってしまうとお母さんが病気になってしまうので、連れて行けないと言います。

　私が一番気になるのは、お母さんが元気でにこやかにしていると、子どもが能面のような顔をしているということです。

　ケンカもなく夫婦関係は悪くないのですが、お父さんはお母さんのことをとても心配でかばっていて、お母さんの具合が悪くなることをお父さんは非常に困ることだと思っているようです。

A

子どもの問題に見えますが、夫婦の問題があるのでは……

お話をお聞きする限りでは、私は夫婦関係は非常に悪いと思います。母子一体感でお母さんが子どもを頼りにしている。お母さんが自分から子どもが離れないでいてくれることに安心する。夫との関係がよければこんなことにならないですよ。

お母さんがとても子どもっぽく、非常に大きな依存を持っている。だけど夫にうまく依存できないで、子どもに依存している。つまり、自分が生きていくために、お母さんが子どもを必要としているんです。だけどそう思うのがつらいから、子どもが自分を頼っているように見たいわけです。

自分と離れているところで、子どもがいきいきとしているのを見るとつらいわけです。自分がいてあげなければこの子は生きていけないんだ、というところで安心しようとしているのです。これは非常に重い問題です。結果的にお母さんが重症だと子どもを重症にしてしまいます。

子どものための親ではなく、親のための子ども

傍目《はため》には子どもの問題だけに見えます。親は取り繕《つくろ》っているわけです。最近はよくあり、これは想像の域を出ないですけれども、お母さんが非常に強い依存性をお父さんに持っている。でもお父さんはそれを顧みないほど自分の出世コースを淡々と歩んでいる。もしかしたら、そういう奥さんに絶望しているかもしれない。

子どものための親ではなく、親のための子どもになっています。子どもは自我を殺されます。しかし子どもが明らかに虐待されているときは家庭に介入できますが、基本的には家庭に対して学校は介入できないわけです。医療も相手から依頼されて始まるんです。相手がこんな理由で何とかしていただけませんかと言って初めて契約が始まります。子どもに対しては医師が予見してできますが、家族の問題に対してこちらから先にはできません。

お母さんは夫に寄りかかれないと、子どもに寄りかかる

お母さんもエリートだから取り繕っているでしょうけれども、お父さんが気づいて言ってくるまで待つしかないです。法定伝染病は周りに影響を与えるので入っていくことができますけれども、子どもを守るという意味では本当はそれに類するくらいの問題だと思います。

そういう問題に対して法律が追いついていません。いくら相手が不幸になることがわかっていても、こちらから切り込めないのです。

夫婦仲が良ければお母さんは夫に寄りかかって、子どもが母親に寄りかかれるよう働きかけられる。夫に寄りかかれないと子どもに寄りかかるんです。でも子どもに寄りかかるのは自分のプライドが許さないので、この子が自分に寄りかかっているようにふるまおうとします。そして潰してしまうわけです。

青年期になった女の子は医者には自分から絶対に行こうとせず、ひどい閉じこもりになります。そして特有の荒れ方をする。拒食症のような状態で暴れたりする。

どこどこへ行ったほうがいいですよと、本当は言ってあげたほうが親切です。だけどすごくプライドを傷つけます。何を根拠にそういうことが言えるのか、と言われても立証できないですから。

Q28

転校してきた児童のことです。家では大きな声で話すそうなのに、学校では全く話さないのです。学校には毎日来ています

クラスの児童についての相談です。他の小学校から転校してきました。全然話をしないので、家庭訪問でお母さんに聞いたところ、家ではとても大きな声でしゃべるんですが、幼稚園の頃からいつもみんなと遊べない、話ができないと先生から言われたそうです。

動作が遅く、なじめなくて泣いたこともあり、友だちとかかわることが全然できなかったと言っていました。家では大きな声でしゃべったりする一方で、下の４歳の子より動作がのろく、何をやっても負けてしまうと言っていました。

最近は定期的に学校の中にある〈ことばの教室〉に通っています。何人かいる担当の先生のうちのひとりと１対１のときだけは歌ったり音読をしたり、普通の子と同じようなふざけ合いもするそうです。でもそこへ他の子や他の先生が入ってきたりすると、貝のようになってしまいます。

授業中、私が「○○ちゃん」と声をかけなかったら、下を向いていたり、ぼーっと宙を見ていたりします。体育の時間はみんなが走っているのをうれしそうにぴょんぴょん飛び跳ねて見たりしています。

この子が自分から行動を起こすのは、給食のときです。食べるときには自分から進んでさっとお替わりに来たり、給食の献立を見に行ったり、決して動作が遅いわけではなく、気持ちがあるときはさっと動けると思っています。絵を描くことも大変好きです。

この子を担当して2か月半くらいになります。〈ことばの教室〉の先生にどういうふうに学校で接したらいいか聞いたことがありますが、「どんどん声をかけてください」と言われました。クラスの人数が多いのでかかりきりにはなれませんが、できるときに漢字をやったり九九をやったり、「辞典を引いてごらん」などと言ったりすると、5回に1回ぐらいはやってくれます。学校にはほとんど毎日来ています。

A

話せるのに場面によって話せないのを「場面緘黙」と言います

かなりはっきりした「場面緘黙《かんもく》」ですね。緘黙とは英語でミューティズム、イレクティブ・ミューティズムとかセレクティブ・ミューティズムと言いますが、話す能力がありながら話さない人のことを指します。

相手によって、また場面によって話すので場面緘黙というわけです。

場面によってはする、場面によってはしない、これはひと言で言えば人に安心できない、恐いから話せないということです。〈ことばの教室〉では話せるというのは、〈ことばの教室〉の先生には安心しているんです。

本当は家族に安心していないのです

不登校とよく似ていて、不登校の子には養護教諭の先生がいる保健室だけには行けるという子はいっぱいいるんです。あるいは家族とは大声で話ができる。あとはよほど安心できる人としかできない。これは、本当は家族に安心していないんです。家族に決定的に安心できるなら他の人にも安心できるのです。

この、家族か友人か先生かどこかに安心できるというのが非常に大事なことです。昔の子どもは友だちに安心していました。なぜ安心できるかというと、「こうならなくちゃいけない」ということを言われなかったからです。基本的に言えば、ありのまま認められる場所があるということが安心につながります。

現在の親は子どもに初めから注文がありすぎるのです。

ありのままでいいという安らぎを家庭で与えにくくなったんですね。確かに昔だって箸の上げ下ろしまでうるさい親はいっぱいいました。頑固な親父もいましたが、それに代わって仲間がありのままを承認してくれました。どんな子でもありのままにそのまま受けいれてくれたんです。

例えば鬼ごっこで「○○ちゃんと△△ちゃんは鬼にはしない」とか、野球で「□□ちゃんは三振なし」というルールを作ったり、下手のまま、ルールを変えて受け入れてくれたんです。

そのうちに上手になったから「もう○○ちゃんは大きくなったから鬼になるんだよ」「□□ちゃんはもう三振はありだよ」という。そういうことを取り仕切るガキ大将とかリーダーがいたわけですね。

今、そういう取り仕切りを親が家庭の中でできないんです。親は他人ではないから真剣になってしまって、このままじゃ心配だとありのままを受け入れることができないようになってしまったんですね。

どこかで絶対受容されることが子どもの自信を育てる

もう1つは広い意味でフェミニズム運動があると思います。母性や父性というものはなく、どちらも同じだという。マザーリングとかファザーリングと言わないで両親性という。母性はお母さん、父性はお父さんが代表してやるというのは性別的な役割がありすぎて、しばしば女性のほうが不利を被るということで、無くそうということがありました。

一般論で言いますと、母性というのは、どんな子でも「それでいいんだよ」と受け入れるある種の特性ですが、お父さんは、こういう子じゃないとダメだということをはっきり伝える。「こういう子じゃダメだ」「ああいう子では社会で受け入れられない」と始終言っているわけです。

ですから父親はしばしば「こういう子は好きだけどお前は嫌い」とか「本来は長男に後を継がせるべきだけど、お前はダメだから次男のほうに継がせる」「お前はダメだ」「お前は良い」と、昔の人は平気で言ったんです。なぜ平気で言えたかというと、「そうじゃなくていいよ」

とお母さんが言ってくれたからです。

だから、絶対受容をされるというそれに近い経験をすれば、子どもたちはとても自信が持てるんです。昔は場面緘黙なんていう子はいませんでした。学校へ行けない子は全くいなかったんですよ。

今の学校は管理教育と言われますが、戦争中の教育はもっと管理教育でした。私は昭和10年生まれですが、すごい管理教育で、自分の子どもの学校に行ったときには、なんて民主的な学校だと始終思いました。私たちは軍事教練なんてことを小学校でもやらされたし、ちょっと態度が悪ければ年中立たされていました。

不登校はひとりもいなかった。勉強がどんなに嫌いでもみんな学校が好きでした。それは休み時間が好きだからです。そのように絶対受容する場面がないと、子どもたちは自己肯定感が持てないのです。

誰かがこの子をありのままでいい、と思ってあげることが必要です

九州で講演をしたときに、あるお母さんが「私はかわいい子とかわいくない子がいる」と正直におっしゃいました。「そのことはよくないことだから、とてもつらい」と発言されました。

まさに父性ですよ。なぜこんなことになってしまったんでしょう。

どんなにできなくたって、どんなに動作がのろかろうとダメだろうと、「それでいいんだよ」と誰かが言ってくれなければ、心で思ってくれなければ緘黙は治らない。

小さい頃そういうことを経験した子が本当に治るかというと難しいと思います。子どもの頃に犬に噛まれた子がその後犬を恐れないかというとそうではないです。噛まない犬もいるんだということはわかっても、もしかしたら噛むかもしれないというところから気持ちが始まるわけです。人間が早い時期から覚えたある感情みたいなものです。

この子の心を癒してあげる。人間は基本的にはやさしいものなんだ、やさしい人もいる、私のことをこれでいいと心から言ってくれる人もいるんだということを教えてあげることになります。だから不完全です。不完全ですが治療です。この子を誰が「ありのままでいいよ」と本気で思ってあげるか。

おそらくこの子のお母さんも人見知りをする人だった。人見知りをするということは人に対する怖れでしょう。これはお母さんがそのお母さんから教えられたことなのです。世代間伝達と言います。

幼い頃に虐待されたお母さんが、あんな不幸なつらい悲しい思いをしたんだから、自分で産んだ子どもだけはそんなことしないでおこうと思いながら結果的にはそうしてしまった。「こうすればあんたのことを好きになってあげる」「こうすれば嫌いだよ」という育児。「そんな子はうちの子じゃない」「そんな子どもを産んだ覚えがない」とか「よそにやっちゃう」。

　こんなふうに表現する場合がありますね。大きくなっていろんなことがわかってからだったらまだいいですけれど、幼い時にそういう感情をインプットしてしまうんですね。

「子どもというのは産まれたままの個性、素質、能力でいいんだ」と伝えても、それでは子どもは努力を怠ってしまうと思うお母さんがいるんですね。本当はそうじゃないです。安心してから力が発揮できるのです。

「頑張れ、頑張れ」って言うから頑張るんじゃない。「頑張らなくたっていいんだ」って言うと子どもは頑張るのです。しかも結果を怖れないから、充分力を出して、一番いい頑張り方をするんです。このことをどのようにこの子に伝えてあげられるか。担任の先生は難しいです。みんなを競わせたりしているわけですから。

言葉の治療ではなく心の治療が必要です

　この子は家へ行けば大声で話しているのですから、言葉の治療ではなく、心の治療が必要です。結果として教室でふざけたり声を出せるというのは、心理治療ができているんです。先生は自分が教室で声を出せないということを怒ってもいないし、非難もしていないし、ダメな子とも思っていない、ということがこの子にも安心してわかるから大丈夫なんですね。

そういう人をどんどん増やしていくしかないのです。お母さんにもそう思ってもらうし、お父さんにもそう思ってもらう。

非難されないことに関してはこの子はできる。ああ言えばこう注意されるかもしれない、こう言えばああ注意されるかもしれない、というような不安なことはやらない。

例えば「偏差値」が親の頭の中に最優先であると、「偏差値」に乗り遅れたら、この子は不幸になってしまう、と信じ込んでしまっていることがあります。1点でも「偏差値」が上にいくように、「こうできなくちゃ」「ああできなくちゃ」という思いがあるのかもしれません。

Q29

普通学級で担任しているADHDの子どもです。本人も頑張るからということで進級しましたが、徐々に授業の妨害をするようになりました

担当している小学校児童についてです。診断でＡＤＨＤ（注意欠如／多動性障害）という名称がつきました。元々入学当初から多動の兆候があり、徐々に授業を妨害し始めました。教室を出て歩いたり、人の顔の前でおならをしたりもしました。

診断以前に別の専門家に診てもらったときには、「自閉ではないけれど、普通ではない。普通学級は無理です」と言われましたが、親御さんのほうから本人も頑張るから、ということで特別支援学級に行かないで普通学級で進級しました。

当時の担任は不安を感じていました。結果、多動は治らず授業を受ける態度ではなく、窓から転落し骨折したこともあります。

人の言うことは聞きたくない、自分のやりたいことはやりたい願望が強く、お母さんお父さんも自分の子どもの様子を見て、現在は特別支援学級に入れていただきました。私は高機能の自閉症ではないかと思っているのですが……。

A

ADHDの子どもの特徴を申し上げます

能力そのものは高機能と言われたように機能は高いわけです。そういう意味からいうと障害は軽いほうに入るんです。ＡＤＨＤという子は、呼んでも振り返らないとか視線も合わないということがあまりありません。ですから今は、自閉症というのは、自閉的であるかないかで診断するのではないのです。

呼んでも振り返らないどころか、かまわず誰にでもおしゃべりをする自閉症の子もいたりします。人なつっこすぎて困るという自閉症の子もいます。相手の迷惑を考えないというのは、相手の立場はイメージにありませんから。

attention deficit（注意欠如）hyperactivity（多動）disorder（障害）、注意欠如／多動性障害とか症候群と言いますが、ＡＤＨＤのＨがない子もいます。多動性はないけれども注意欠如障害という子もいます。自閉症とは程度の差なのか質の違いなのか境界線があるのかないのかその辺が非常に曖昧で、今では連続帯（スペクトラム）と考えられていることが多いです。

迷惑をかけようとは思っていないが、落ち着きがなく叱られることが多い

人におならをかけても平気です。相手がどれだけ気分を悪くするかなんて感じない、あるいは感じ方が非常に弱いです。自閉症の子どもよりは少し感じるかもしれないですけれども。ＡＤＨＤの子どもは落ち着きがなく周りの人に迷惑をかけます。けれども迷惑をかけてやろうと計画的にやっているわけではないです。そういう行動しか取れないのです。それで非常に叱られます。

学校では先生から叱られることが多い。仲間から仲間はずれにされることが多い。家に帰ると親から叱られたり叩かれたりすることが多い。きょうだいの中で何倍も叱られる。自閉症の子どもより、「自分がみんなから阻害されている」という実感があるんです。

自分の頭と実際に実行できることとのギャップが大きい

脳の中の連携が非常に悪く、あることを思うとそのことに関心がいくし、次のことを思う

と次のことに関心がいく。片目をつぶることができない子も多い。両目をつぶるか開けるか。手先が不器用で、全身の動きもひどく協調性が悪く不器用。それから衝動性が強い、感情のコントロールが不器用なところがあります。

ところが知能が低いわけではない。ＩＱは高いです。もちろん高くない子もいます。いかに自分の頭と実際に実行できることとのギャップが大きいかということがわかります。注意を集中させていることができないわけです。

手と足の運動がうまく噛み合わない。記憶と判断が頭の中でうまく動員できないから、いろいろな楽器がうまくいかない。ですから、みんなと自分が違うということを一番感じてしまうんです。逆に知能障害の子は、重くなればなるほどみんなと自分の違いをあまり感じなかったり、そういうことをひどく悩んだりしません。

学習障害（LD）の子どもの教育について私が思うこと

戦後すぐ近江学園を創設し、福祉の父と言われる糸賀一雄先生という方がいらっしゃいました。糸賀先生は、知能障害の子たちに対して、この子といて唯一救われることは、この子たちが自分の身の不幸を嘆かない、この子たちが明日を思い煩わないことですとおっしゃいました。

ところが、この自閉症の子たちはわが身の不幸を嘆いているんです。とても不幸な子どもたちです。これが今の学習障害（ＬＤ）教育です。

ＬＤというのは学習障害ですけれども、学業不振とか知能障害というのとは違います。教育的に言うと学習障害、医学的に言うと注意欠如／多動性障害です。圧倒的に男の子が多いです。この子たちはいろいろな社会的学習も学業もうまくいきません。知能がいいので、ある部分は突出してできますから、学業が全部苦手なわけでもない。広く学習障害。だからＩＱが高く典型的な学習障害と言ってもいいです。

ＬＤの子どもの教育をどうするか。これは専門の学校に行くべきだと私は思います。もちろん特別教育でそういう方面に慣れている教師がいればそういう教室でやればいいし、そうでなければ、例えば国立特別支援教育総合研究所に行って指導を受けるとか。

そうしなければかわいそうです。叱られて、「ダメな子だ、ダメな子だ」と言われてしまいます。

知能がはっきり遅れている子なら理解してもらえるんですけれども、遅れていないから「しつけが悪く、わがままな自分勝手な子ども」とみんなから思われる。いい意味で同情されないし、共感されない。脳の機能が統合化されるようなトレーニング、統合的なことが可能になるような学習課題を用意して指導を受けるなど、いろいろなことを手順よくやっていかなければなりませんね。

Q30

自閉症の子どもの行動のくせはなぜ起こるのでしょうか？

障害のある子どもたち、特に自閉症の子には、いろいろな行動の「くせ」があるようです。手をひらひらさせる、くるくる回るなど、習慣になっているようにも見えます。

そういうものはなぜ起きるのでしょうか？

また困っている場合、どうしたらよいのでしょうか。

A

中枢神経系統の統合力の問題だと私はずっと思っています

自閉症の子どもによく見受けられるのは、ロッキング（身体を前後に揺する）、ツイスティング（くるくる回転する）、手をひらひらさせる、羽ばたきのような手の動きをする、いろいろな行動があります。性器いじりもあります。自己刺激行動——自分で自分の身体を刺激する行動と呼ばれます。

基本にあるのは、中枢神経系統の統合力の問題です。脳の機能統合の不具合ということがあるのです。これが自閉症の人の基本的な問題だと私はずっと思い続けてきました。

ボディイメージが持ちにくいということ

ニキ・リンコさんと藤家寛子さんというたいへん能力の高いおふたりが『自閉っ子、こういう風にできてます！』（花風社）という対談の本を出しています。その中にニキさんと藤家さんが身体感覚について語り合っている部分があるのですが、例えば、コタツに入ると脚がなくなってこわい、コタツから出るときはコタツ布団をめくって脚の位置を確かめないと立てない、おふたりで相槌を打ち合っておっしゃっているのです。

私たちは見えなくても自分の全身を把握していますね。私たちにはボディイメージというものがしっかりあるのです。わざわざ目で見なくても、自分の身体に間違いなく、すぐに触れることができます。人差し指と親指を丸くなるように合わせることは、見なくてもできますね。

自閉症の人はいろいろな程度にボディイメージが持ちにくいのです。脳の中の神経回路のつながりがいろいろな程度に不具合があるようなのです。あちらのつながりとこちらのつながりを同時に働かせるということが難しいようなのです。いろいろな程度に手先の細かい動きや大きな運動が不器用です。別々の動きを同時にすることができにくいのです。

ですからトランポリンはじょうずに跳ぶことができるけれども、縄跳びとなるととても苦労したりします。

常同的反復的な自己刺激行動について

中枢神経のネットワークの機能不全ということがさまざまな程度にある。そういうことの延長上に自己刺激行動というものは出てくるようです。

全く同じということではありませんが、こんなたとえでご想像いただいてはどうでしょうか。家族が乗った飛行機が遭難したという連絡が入ってくる。家族はとるものもとりあえず航空会社に集まります。消息がわからないままじっと待っているときに、貧乏ゆすりをする人がいます。立ったり座ったりしてしまう人がいます。どうしたらよいかわからない、どうしようもない。少し落ち着いてなどと言われても、これが落ち着いていられるか！　ということになります。

これほどまでの状況でなくても、何をしたらいいのかわからないというときに人はさまざまに不安になるものです。私たちは、それまでに蓄えた経験や知識や技術の中から必要なものを選択し組み合わせて、その場に応じた行動をとります。これが適応です。

けれども未知の環境ではそういうことができません。言葉が通じない、西も東もわからない、治安の状態もわからないという外国で、どうぞご自由にお過ごしくださいと言われてもどうでしょうか。

常同的反復的な自己刺激行動というものは、誰もが適応力を失ったとき、つまり、どうしてよいかわからないとき、なんともいえない不安に陥ったときにする行動のようです。喫煙の習慣のある人は、不安な時に次々とタバコを吸うということがありますね。習慣的な自己刺激行動というのはそういうふうなものとご理解いただくといいかと思います。

自閉症の人は日常生活でもこういう不安をいろいろな程度に感じているのです。学校では休み時間にとても不安定になる子が多いのです。それは何をしてよいかわからないからです。これをやめなさいというのは非常に酷なことです。そんなことしてはいけませんなどと言われると、よけいに不安が強くなります。

こういう行動は、何かに意識を集中して取り組んでいるときには出にくいのです。ですから、何をしていればよいかということをわかりやすく伝えるといいのです。その子が興味や関心を持って取り組むことができる課題を与えてあげるといいのです。できれば楽しいこと、意欲を持って取り組める課題だといいでしょう。

自由時間には、この子ならこれを選ぶだろうと思われるものを3種類くらい用意して、絵カードや写真カードで提示して、この中のどれをしたいですか？　と本人に選ばせてあげるとよいでしょう。そういうものがなくなったらまた始まるのは、仕方がないと思います。

そう思ってあげてくださるといいと思います。

子育ての大切な根っこ 5

朝食を食べないで園に来る子どもが増えています

私は毎週夜、どこかで保育園の保育士さんとの勉強会をしていますが、保育園では朝、朝食を食べさせないで子どもを園に送ってくる親がどんどん増えています。

子どもに朝ご飯を食べさせるのが面倒だからです。朝ちょっと早く起きるのがつらいからです。

そういう子どもが多い地区の保育士の皆さんは、朝食を少し余分に作って、みんなで持ち寄っていらっしゃる。そして子どもに食べさせているそうです。保育園はお昼しか、基本的に出ませんから。

やがて保育園は朝食も出すところになるかもしれません。

日本人が困難から逃避したい、つらいことは少しでもしないですませたい。嫌なことは回避できる社会を作ってほしい、作ってほしいと、強く政治家や行政に望むとします。そしてそう約束しない議員なんか選ばない、と私たちが言ったら、議員はそうしますよ。保育園は朝食から出します、と言うだろうと思います。

そうすると私たちはさらに無痛化します。ますます幸福になんかなれませんよ。そんな生き方をどこまでも追求していったって、深い喜びに到達することなんてないのではないかと私はとても心配しているのです。

第5章

子どもの心の成長に寄り添う仕事とは

何よりも大事にしていただきたいこと

子どもには、自分の言うことをよく聞いてもらった後に人の言うことを聞き入れるという順番があるのです

私が園の保育者に第一に大事にしていただきたいと思うことは、子どもが自分で感じていることをそのまま表現できるということです。

それがある程度——できれば充分に——育っていることを確認しながら、その上で、先生の言うことを、お父さんお母さんの言うことを聞くのですよ、社会からの要求を受け入れるのですよと伝える。この順序を間違えないでほしいのです。

子どもというのは、自分が本当に大切にされているという実感を持ってから、自分の言うことを充分聞き入れてくれている人の意見を聞くようになるのです。自分の言うことをよく聞いてもらえた後に、人の言うことを聞き入れることができるという順番があるのです。

第1章でもお話しした精神分析家のエリクソンは言います。厳しいしつけという形で従わせるということをすると、一見子どもは周りの人の言うことを聞くようなそぶりをします。けれどもそういう状態で従わされれば従わされるほど、子どもは屈辱を強くしていきます。自尊心が壊されていくのです。そういう子どもは自発的、自主的な本当の力を発揮することはできないのです。

わかりやすい例をあげると、独裁国家の国民です。独裁者の方針を否応なしに聞き入れさせられている。統制がとれて何でもみんなを一致した方向に向けることができるのでムダがなく、生産力を始めとする国民の能力は上がるかというと、とんでもありませんね。独裁国家は栄えたためしがありません。

国民一人ひとりの自発性をいきいき生かすことができる社会や国家が、生産力や創造力を豊かにしていくということは、誰もが知っていることです。強圧的な力というのは、子どもの力——人間の力を発揮させることにはならないのです。

一番大切なのは、子どものありのままの表現が聞き届けられるようにということです。先生の、お父さんお母さんの言うことを聞きなさい、あるいは社会のルールに従いなさいということは、子どもの言うことが聞き届けられた後なのです。この順序を違えてはならないのです。反社会的な少年というのは自分の意見が聞き届けられなかった者ばかりだと言った人もいます。

子どもより自分たちの世間体を優先させる親たち

17歳前後に殺人を犯してしまった少年——個人で殺人を犯してしまった少年10人、集団で人を殺してしまった主犯格の少年5人の生い立ちを詳細に調べた報告書を読みました。家庭裁判所の調査官を中心に、外部の人もおおいに協力して、15人の少年の生い立ちの分析がなされたのです。

その中で、少年たちが言っているのは、自分たちの面子や体面と親の世間体や体面が対立したときに、自分たちの親は何としても親のほうの体面や面子を優先させたということです。そういう認識が少年たちに共通して強いのです。

いつも親の言うことのほうが優先され、子どもの言うことは聞き入れられない、子どもの面子は後回しにされる。少年たちは共通してそういう生い立ちを持っているのです。

エリートの家庭が多くあります。世間的には立派なご家庭です。親の希望を一生懸命伝える。そしてその内容がしばしば自己愛的です。それは子どもに愛情として伝わらないのです。

世の中がこういう風潮にあるということを保育園や幼稚園の方は認識していただいて、先生にはあなたの希望を素直に思ったとおり言って大丈夫だよと、子どもたちにお伝えいただきたいのです。

決定権は親にあっても、子どもが意見を自由に言うことのできる家庭

ある精神医学研究財団の研究報告書をご紹介して「健康な家族・不健康な家族」というテーマで勉強会をしたことがあります。

子どもを育てることに成功したか失敗したかということで、子どもが成人ないし成人に近くなっている家庭を細かく分析した調査研究です。その中でわかったことのひとつに、健康な家族には、子どもの決定権は小さいけれども、発言権は自由だという雰囲気があるということがあります。

健康な家族に共通しているのは、子どもがどんなに幼くても、思ったことをのびのび自由に発言できるということなのです。子どもは何を言っても頭ごなしに否定されたり叱られたりすることはないのです。子どもの意見が採用されないのであれば、その説明を受けた上で採用が見送られるのです。発言は自由ですが、物事を決定する決定権は親のほうが強いのです。

ですから健康な家族では子どもは何かを言うときに防衛的になっていません。相手の顔色を見ながらものを言うというような雰囲気は、健康な家族にはないのです。

不健康な家族では、子どもが言いたいことを言えないのです。叱られやしないかとか、自

分のプライドが傷つけられるような頭ごなしの否定がありやしないかというような不安が、いろいろな程度に子どもにあるからです。

思ったことを思ったままにのびのび自由に発言することができる。けれども自立して自分の家庭を持つまで決定権は小さい。自分がどう思うかということを自由に言えるし、しばしば親の意見を変えることもできる。けれども親の意見を変えることができなかったら親の意見が優先する。こういうことを、健康な家族では家庭の中でしっかり習慣づけられているのです。

いちばん大切なのは、思ったことを思いのままに発言できるということです。エリクソンの言葉を借りれば、自由に自分が感じたとおりに表現することができるように育てられているということです。

子どもが感じたとおりに表現できることが大切

感じたとおりに表現させてあげるということは、とても大切なことなのです。先生はそれに賛成するかしないかは、子どもの考えや思いを充分聞いてあげてから言えばいいのです。「○○ちゃんはそう思うんだね」と子どもの考えや思いは率直に認めてくださることです。

それに必ず賛成しなくてもいいのです。子どもの考えや思いを受け入れてくださった上で、

「先生はその考えには賛成ではない、先生ならこう思う、なぜかというとこれこれこういう理由で」とおっしゃってくだされぱいいのです。

感じたまま表現できる。皆さん方は保育園や幼稚園で子どもたちにそういう雰囲気を作っていただきたいのです。それを繰り返ししていただければいいと思います。これがまず基本的に大事なことです。

自殺を踏みとどまらせることがある「あのときの先生のひと言」

それから園や学校に好きな先生を持つということです。できれば担任の先生はどの子も好きになれるように。大人の言葉で言えば信じることができるようにということです。

自殺したいと思ったときに、自殺をふみとどまらせることの背景に、あのときあの先生のあのひと言が、あの愛情が、ということがあるのです。そういうときになると思い出すのだそうです。

あのとき校長先生がこう言ってくれた、あのときに保健室の先生があんなふうにしてくれた、あのときお母さんがこうしてくれた、あのときカウンセラーがこう言っていた。そういうものが深い潜在的な記憶の中から突然呼び戻され、それが手かがりになって自殺を思いとどまる。こういうことが非常に多いそうです。何度も聞きました。多くの研究者の論文も読みました。

自殺を考えたことのある人は予想以上に多いのです。実行する人はその何十分の一か何百分の一なのです。思いとどまる契機にあるのは、人の親切、愛情なのです。

どんな小さなことでもいいのです。子どもたちによい思い出を

ですからそういう思い出を皆さんが作ってほしいのです。瞬間的な思い出であっても大きな価値があると思うのです。

幼いときの思い出は、具体的な記憶になってよみがえるかどうかはわかりませんが、本当は潜在的な力になると思います。先生方が子どもたちにそういう思い出を3つも4つも作ってあげてほしいと思うのです。

私にもそういう思い出があります。滋賀県の田舎に疎開する小学校3年生まで、私は東京の小学校にいました。敗戦直前ですから、日本中が殺気立っていました。小学校にも軍人が来て軍事教練をしていたのです。軍服を着て髭を生やしてサーベルを下げ、演台に上がって、真顔で小学校低学年の子どもたち相手に軍事教練などしていたのです。

当時私は級長（今でいうクラス委員です）をしていたので、生徒の先頭に立って、「頭《カシラ》ミギ！」とか「歩調ヲ取レ！」などと号令をかけるのですが、私の気合の入れ方がすごく悪かったようなのです。軍人にものすごく叱られました。本当にひどい叱られ方でした。私は悄然として教室に戻りました。そのとき、担任の先生が私に「兵隊さんの真似なんてできなくていいよ」、そう言ってくださったのです。

先生からしてみればたったひと言ですが、私には忘れられないのです。どんなに励みになったことでしょうか。

大切にされたという思い出は一生子どもを支える

そういう思い出をどの子にも作ってあげてほしいのです。失敗してしまった子どもとか、このぶんじゃ親にも近所の人にも始終叱られているだろうと思うような子どもに、本気を出して、言葉をかけてくださったり手をかけてくださったりすると、そのほんのひと言がその子にとっては多分大切な思い出になっているのです。

私の場合、小学校3年生だったので具体的に記憶されているわけですが、園の場合は、ここまで具体的な事実としての思い出にはならないかもしれません。けれどもそれは具体的な記憶として残らなくても、潜在意識としてその子を支えるのです。

いろいろな人に叱られた。だけど先生はやさしかった。こんなことをしてしまったときに、こういうことをしちゃダメよとは言われたけれども、叱られはしなかった。あるいは攻撃されてしまったときの悲しみをわかってもらえた。

今の子どもは、親に愛され、祖父母に愛され、おじさんおばさんに愛され、近所の人に愛されたという経験がないのです。

昭和40年代から昭和50年代の初めの頃は、おじさんおばさんに愛されるだけで不登校が改善したものです。当時は学校恐怖症と言いました。まだ小学生ばかりでした。中学生や高校生にはなかったのです。事態は簡単に改善させられるものだと思ったものです。けれどもだんだんそうではなくなってきました。

そういう時代に、皆さんはいい思い出を作ってあげてほしいのです。人の親切を知ることができるように。人の愛情を知ることができるように。子どもは、愛情をかけられなければ、親切にされなければ、愛情も親切も知ることができないのです。皆さんが与えてくださらなければならないのです。

「○○ちゃんは、お利口でかわいくて元気だね！」

そしてその上で、歌も上手に歌いましょう。折り紙もお絵かきもしましょう。トイレットもきちんと、着替えもちゃんとできればいい。歯磨きも自分でできるといい。それはそれでお教えいただく。けれども教えるときの気持ちというもの——その背景にあるべきものがもっともっと大切なのです。

偏食の矯正などを一生懸命なさることはありません。栄養障害を起こしていたら偏食を直してあげなければならないくらいの気持ちでいらしたらいいのです。毎日園に元気で来てわんぱくをしている子どもの偏食を直す必要などないのです。タマネギを食べなさい、ニンジンを食べなさい、これを食べないと大変だなどということはまったくないと思うのです。

上手に食べられなくてもいいよ、何でも食べられなくてもいいよ。○○ちゃんはお利口でかわいくて元気なのだから。

そんなことを期待しています。

保育者に私がいちばん望むこととは

子どもが好きだということが重要だと思います

ひと言で言えば、子どもが好きだということだと私は思います。人間が好きだということです。子どもが好きということは非常に重要なことです。なぜかというと、子どもが好きでなければ、子どもは保育者のことを好きになれないからです。

そしてさらに、漠然と子どもが好きというより、一人ひとりをみんな好きになってあげることが大切なのです。子どもが好きということは何となく言えるものです。人類を愛しているということは簡単に言えるのです。『ローラ、叫んでごらん――フライパンで焼かれた少女の物語』（講談社＋α文庫）という本で素晴らしい諺を知りました。

〈隣人を愛することは、人類を全体として愛することよりむずかしい〉

イタリアの諺です。

博愛主義、人道主義、世界中の人類の幸福を願うというのは、気持ちの上で楽なことです。けれども目の前のたったひとりの人を愛し続けるということはとても困難なのです。子ども一人ひとりを個別に、好きになっていただきたいのです。そしてその子たち一人ひとりが先生のことを好きだということ、これが最も重要なことではないでしょうか。

私たちは人間としては、すべての人を好きになるようにはできていません。それは好きな人、嫌いな人がいるでしょう。この子は好きになれないということがあったらそれは仕方がないことです。けれどもそれは負い目に思っていただきたいと思うのです。この子を好きになってあげられないということはこの子も私のことを好きになれない、そんな園に毎日通って来るのはどんなにつらいだろうか、こう思ってあげることはとても大切だと思います。

子どもを、固有名詞でひとりずつ好きになってあげていただきたいのです。これをいちばん望みます。

「子どもが好きというのは、元々あるものなのでしょうか？ それとも育まれていくものなのでしょうか？」

子どもが好きというのは、本来誰にでもいろいろな程度にあるものだと私は思います。部分的には本能でしょうが、全部が本能ではなく、体験、学習にもとづくものもあると思います。本能の部分と学習によって身についてくる部分が合わさっていると思うのです。

母性というのは確実に本能です。隣りの子を思う思いと、自分の子を思う思いは、どんな人でもいろいろな程度に違います。自分の子どもがかわいくないとか、虐待してしまうとか、ひどい場合には殺してしまうというような不幸な例もありますが、それはもう病んでしまった人の結果だと私は思っています。

もっと言えば、生命に対して、かわいい、好きだと思う感情があるのだと思うのです。それはイヌであれネコであれ、ヘビであれ、花であれ、雑草であれ、小さな虫であれ、やはり生きとし生けるものに何ともいえない愛着を抱くということは、誰でも基本にあるのではないでしょうか。

障害のある子を一般のクラスで保育・教育するときに必要な配慮とは何か

みんなと同じことをしているのがいいと思いがちですが……

一般のクラスで障害のあるお子さんを保育・教育するとき、先生がもうひとりその子についてその子のペースに合わせることができれば一番いいのですが、そのような余裕はないことが多いと思います。

一般のクラスでは、最低限どんなことを心がければよいかということですが、障害のある子は嫌なことをさせられる場面では不適応が大きくなります。これは障害のある子とは限らずどの子もそうですが、理解できないこと、難しいこと、やりたくないことに対する不安感や拒否感は、一般の子どもに比べてはるかに障害のある子のほうが強いのです。

それは困難度が大きいからです。保育や学習の日課は一般の子どもに合わせて組まれているのですから。

一般に園や学校では、何でもみんなと一緒にできるようになるのがよいとされることが多いと思います。そして保護者はもっとそう思っているのです。みんなと一緒に過ごしている、みんなと同じことをしているように見える時間が多ければ多いほど、優れた保育や教育をしてもらっているように思ってしまうのです。自分の子どもが伸びたように思ってしまいがちなのです。

一見、みんなと一緒にできる子の我慢と苦痛

ところがそうではないのです。どれだけ苦痛な体験をさせられたか、どれだけ面白くないことを強制されたか。その副作用は、大きくなったとき本当に大きく出るのです。

例えば知能が非常に高い自閉症の子どもの場合、一見できることが多く見えます。みんなと一緒に普通クラスにいた。友だちと交わることは少なかった。ひとりでぽつんとしていることが多かった。でも勉強についてはクラスで1、2を争うほどできることがあった。

みんなの中にいることが、そう苦労なく、あるいは一見簡単にできていた子と思われているのです。ところが本人にしてみれば、それは非常に苦痛だったのです。我慢して我慢して、その場に合わせるようにしてきた。少しも楽しくなかった。むしろ苦痛だった。逃れようとしたら連れ戻された。

その結果、高校くらいから、あるいは学校を終えたくらいからひきこもってしまうのです。人の中にいることから逃避してしまうのです。そしてそれは容易に治らないのです。

ひきこもりの中に高機能自閉症の人たちが想像を超えて多くいることがわかってきたのです。そして稀に非常に不幸な事件を中学や高校になってから起こしてしまうことがあるのです。もう限界だというときになって、一見「あるとき」からことは始まります。そうなってしまってからは、人の中にいることがそう不安でも苦痛でもないという感覚には、まずほとんど戻れないと私は思います。

本人がひとりでも楽しめることと、みんなと一緒に嫌がらないでできることの見極めが大事

思いきり大きく不適応であってくれれば周囲にもよくわかるのですが、やや無理矢理に誘うと一見そこにいられそうに見える。みんなと一緒に課題に取り組んでいるように見える。それでそのとき、その子がどんな気持ちでいるかということを無視してやらせてしまうことが多いのです。これがいちばんこわいのです。

嫌がることを無理にさせることはないのです。ひとりでいてもいいのです。

けれどもそれは放っておくのではありません。他の子どもの妨げになるから別のところで

ということではないのです。園や学校の外へ飛び出して行ってしまうようなことがあっては、それは安心して預かれません。目の届く安全な場所で、本人に合った、これなら楽しめるということをして過ごす。こういう場所や時間をどう作るかということです。

そして、こういうことならみんなと一緒に少しも嫌がらないでしていられるということがあれば、それはみんなと一緒にと、この見分けがしっかりできなければ、統合保育・統合教育はしてはいけないと私は思います。

こういうことを園や学校でしっかり配慮なさることです。そしてそのことを保護者にもきちんと説明しなければなりません。みんなと一緒にいろいろなことができる時間が増えていくことが必ずしも発達ではないということです。

小さいときに、嫌なら嫌でいい、無理をしなくていい、そういうふうにしてあげることです。できないことはできなくていいとしておいてあげることが大切です。大きくなって言葉で伝えることができるようになった人は言います。園で小学校で、あのときどんなに嫌だったか、つらかったか。その場で言ってくれればいいのです。けれども幼い子にそれは言えないのです。

けっして無理強いしないことです。強制しないことです。子どもに合わせて保育や教育の課題を吟味する。ひとりでしていることが多くても、それはそれでいいのです。

いいというより、それが必要な子にはそうしてあげなければいけないと思います。

子どもが望むようにとは、好き放題にさせておくということではありません

子どもが望むようにしてあげるというのは、好き放題にさせておくということではないのです。それでは園に来る必要もないでしょう。その子どもにとって合う課題とか、合う環境とか、合う状況ということを作る努力を何もしないで、子どもが「望むように」放っておくというのは、これは無責任というものでしょう。

その子どもが適応できる環境、状況、課題を作る努力を一方で常にしながら、ただしそれはいつもみんなと一緒にすることとは限らない。そういう視点が重要ではないでしょうか。

私は本当の意味の自由保育は素晴らしいと思います。ただしそれは本当に力がないとできないでしょう。障害のある子には課題保育がいいと思います。ただしその課題が子どもに合わせられていなければいけません。勝手に用意した課題に子どもを合わせようとする課題保育はよくないと思います。ほったらかしで何もしないというのはもっとよくないと思います。

大多数の子どものための課題は、一部の子どもには適していないでしょう。一部の子どもはその子に合った課題をしている。さらに特別なメニューを必要とする子どももいる。こういうことが必要ではないかと思うのです。

その子に合わせて課題を作る努力を何もせずにいたら、それは放任のようなものではないでしょうか。それでは保育料をとる資格はないかもしれませんね。

障害のある子と共に過ごすことが他の子どもたちに与える意味

三十数年年以上前ですが、統合教育の映画を作ったことがあります。当時私たちは、統合教育が自閉症の子どもを大きく発達させるという希望、期待を持っていました。けれども結果としてそうはなりませんでした。そういうものではないことがわかりました。

そのクラスで学んだほかの生徒にとって、その子と一緒にずっと教室を共にして学んだということがどれほど大きな意味を持ったことか、どれだけ大きな財産になったことか、これは疑いもなく言えるのです。

その子を助ける役割を積極的に申し出た子もいました。その子が困ったときに助ける。教室を飛び出して行ってしまったときには呼び戻してくる。給食の配膳の当番を一緒にする。先生は最初そういったことをいろいろな子にふりわけようかと考えたのですが、私がやりますという女の子がふたりいたのです。そうしたらおまかせで他の子は知らん顔かというと、そんなことはありませんでした。みんながそれを手伝おうとするのです。

職員の加配というものは、保育園時代は必要かもしれませんが、小学校くらいになると子どもたちも力がついてきます。こういうふうに生徒に頼めばいいのです。もうひとり先生をつけなければできないというのは貧弱な発想です。

先生はその子をとても大切にされました。心から受け入れるという基本姿勢を持っていらっしゃいました。いじめる子など誰もいませんでした。全くいませんでした。第一、意地悪でもしようものなら、女の子たちがひどく怒ったと思います。みんな本当にいい生徒でした。２年生の後半くらいになるとその子もみんなになんとなくなじんできます。そうすると休日などは友だちが誘ってサイクリングなどをしていました。

けれども自閉症の場合は、そういうことでは社会的適応力がついていくのではないということは、そのあともっと大きくなったときに思い知らされることになります。

周りの生徒にとっての意味が非常に大きかったのです。そういうことを教えられました。

自閉症の特性の理解に立った適切な教育、大切なポイントをもう一度お話しいたします

一度に1つだけ、それから次のことを

一度に複数の情報を処理すること、複数の機能を発揮することが苦手です。

一度に1つずつ丹念にしていき、それを少しずつつないでいくのです。

言葉は短く、具体的に話す

短い言葉で的確に具体的に表現してください。

自由にしゃべっているようにみえる子にも、大切なことは書いてみてください。

「この子はこんなにしゃべるのだから言えばわかるのです」とおっしゃる先生がいます。

その瞬間はわかるのです。けれども言われたことはダメなのです。

私たちは口頭で言われることと、文字で読んでわかることに大きな差があるとは感じていません。ところが自閉症の人にはそれが本当に違うのです。

予定を具体的に知らせる

予期しないことが苦手です。

予定はできるだけきちんと予告してあげてください。

今日学校で何があるかがわからないだけでも、この子たちはもう怯えて学校に行けないかもしれないのです。

日々の日程表を作ってもらうといいかもしれません。絵と文字を組み合わせたもので示していただくとさらにいいかもしれません。今日はこれとこれとこれをします。何時までです。スケジュールを事前にしっかり伝えてもらうといいのです。

行ってみないとわからないという不安定要素があればあるほど、行くのが恐くなります。

私たちは何があるかわからないということが好奇心を刺激しておもしろいのです。冒険家や探検家は、何があるかわからないから前人未踏の地に行ってみたいのです。逆なのです。

よくわかっていること、しっかり見通しが立つことに、安心して取り組めるのです。新しいことに取り組むときは、前もってできるだけ具体的に予告してくださるといいのです。

答えが1つのものが得意

具体的で1対1の対応になっているものがわかりやすいのです。多様な意味を持つもの、曖昧なものには混乱しやすいのです。

法則がはっきりしていることにはスムーズに取り組むことができます。歴史や地理が得意であるとか、算数の計算ならよくできるとか、国語では漢字の書き取りがよくできるとか、答えが1つというものがよくできます。

日常生活ではさまざまな場面、状況で、臨機応変に適応していかなければなりません。ですから不適応を起こしやすいのです。

身体を協調させて同時に動かすことが苦手

手先の細かな作業が苦手な子がいます。片目だけつぶるということが苦手な子もいます。両目をつぶるか両目をあけるかになってしまいます。トランポリンは上手だけれども縄跳びはできないという子がいます。手と足を同時に協調させて動かすということがスムーズでないのです。

苦手なことにこだわらず、得意なことを伸ばす

あれができないこれができないではなく、こんなことがよくできるということをわかっていただくといいのです。苦手なことを無理に上達させるより、本来持っている得意なところを伸ばしてあげるというほうがずっと社会に出ていきやすいのです。

苦手なことを治すことにこだわりすぎたら、自閉症の子はどんどん自信をなくしてしまいます。しかも治らないものが多いのです。自分はダメな人間だ、みんなより劣っている人間だと思わせるばかりです。

私たちもいろいろな程度に得意不得意があって、大人になれば誰でもそれぞれの持ち場を持って生きていくことになるのですから。

親は理解とサポートをしてくれる教育の場を選ぶことがとても大切

学校ぐるみで理解を得ることができれば、一般の学校にもある程度適応していくことができます。知能が高く、大学に入学する人も多いのです。受験勉強というものはある程度決まった枠がありますから、これをこなすことは難しくないのです。

たいへんなのは入学してからです。大学では自分で科目を選択して勉強していくことになります。履修手続きも自分でしなければなりません。選択科目と必修科目があって、必要な単位がどれだけで、再試験を受けるときはなどなど、オリエンテーションでは一度にたくさんの情報が与えられます。

例えば私が勤めていた川崎医療福祉大学では、まず事務職員にこの人たちの特性とそれを踏まえた上でのコミュニケーションのとりかたをしっかり説明します。そして学生が所属する学科の教員全員に集まっていただいて説明するのです。

できればテキストを選定してほしい。テキストがないのであれば重要な部分をまとめた講義ノートやプリントを作ってほしい。講義を進める中で重要なことは黒板に書いてほしい。困ったときに聞きにいくクラスメイトも数人決めておきます。

周りが合わせるのです。

そうすると能力をちゃんと発揮して大学生活を送ることができるのです。けれどもみんなと同じ条件下で同じようにやらせようとしたら、あちこちでパニックが生じます。

何度も申し上げますよ。
みんなと同じことをする努力をさせないで

具体的に伝えるのです。できれば文字に書いて伝えてあげるともっといいです。

一度にあれもこれも言わないのです。順番に、優先度をハッキリさせて並べるのです。1つずつ終わったらチェックをしていくといいのです。

予期しないことが起きたときに混乱が大きいのです。スケジュールは必ずきちんと予告してください。行事はあらかじめ内容を説明して、本人が参加したくないと思ったら参加しなくていいのです。本人が参加しようと思ったら参加すればいいのです。誰か助けになる人と一緒に参加してもいいのです。

本人の努力でみんなと同じことをさせるのではないのです。

自閉症の人が我々の世界で生きていけるようにこちらが協力するのです。寄り添うのです。そうすれば自閉症の人は安定して一緒に生活していくことができるのです。

自閉症をよく理解して適切な教育をしてくれる、そういう視点で教育の場をしっかりお選びにならなければなりません。

普通学級に入れておいても何とかはなりません

私の体験をお話ししてみます。

たとえばデンマークでは、高機能でも自閉症の子どもは自閉症特別学校から教育を始めます。盲学校、聾学校と同じような発想です。みんなと一緒に少しでも多くの時間を過ごすことができるようになることを目指して、特別な教育をするのです。

彼らもかつては可能な限り普通学級で普通教育をしたのです。けれどもそれは不幸な結論が出たのでもうだいぶ前にやめているといいます。

まずしっかり特別教育をする。そして少しずつだんだんと無理なくできる範囲内でみんなの中に参加していくのです。

最初は普通学級の生徒が特殊学級に来るのです。逆統合と言います。従来の日本の交流学級とは逆です。普通学級の生徒が何人か選ばれて来て自閉症の子のクラスで一緒に学ぶのです。

うまく学び合えるようになると、普通学級から来ている子に連れられて自閉症の生徒が普通学級を訪問します。確実に取り組めるという時間——図工の時間や植物の観察の時間などに、親しくなった普通学級の生徒にエスコートされて行くのです。

その子にも充分にわかる授業のみ参加するのです。そしてそれをだんだん増やしていくのです。

そして学年が上がるにつれて普通学級での生活を多くしていき、社会人になったときには全生活を社会でする。こういうふうに段階を踏んで進めていくのです。

日本の今までのやり方は、みんなの中にただ入れて、そのうち何とかなるのではないかと漠然と思っているだけでした。形だけ受け入れているように見えればいいというものではないのです。活動も気持ちもみんなと共感共有し合って、わかり合って、楽しくそこにいることが受け入れられているということなのです。

統合教育を受けてきた生徒が思春期青年期にひきこもってしまうことが多いのです。周りは排除したつもりはなくても、本人がそこにいたたまれなくなったらそれは排除されたのと同じことになるのです。

大人が子どもにしてあげられるとても簡単で最高にステキなこと

私は街で子どもと視線が合ったら、笑顔を送ってあげるようにしています。はにかむ子どももいますし、びっくりする子どももいます。笑顔を返せる子どももいるのです。いろいろな性格を持って生まれ、いろいろな生い立ちを持ち、生い立ちがまたいろいろな性格を作っていくということがあります。

見知らぬ人からふと呼びかけられるようにして笑顔をもらったときに、すぐに笑顔を返せない子ども、畏《おそ》れやはにかみという感情を持つ子どももいるでしょう。

けれども一息入れて手を振ると、ほとんどの子どもが手を振って返してくれます。それはもう気持ちがつながったということです。それが私はうれしいのです。

そして、子どもが笑顔で手を振って返してくるということは、見知らぬ人が小さな善意をくれたことが子どもにとっても喜びであるということです。

そういうものがたくさん積み重なっていくように、たくさん与えてあげられるといいと思うのです。その何億分の一かは自分が今、与えてあげたのです。それが無数に与えられていくことによって子どもというのは自己肯定感を育てていくでしょう。無条件に「きみはかわいい、いい子だね」というメッセージをもらったのだということですから。

笑顔で充分なのです。手を振ってあげるだけで充分なのです。

子どもに小さな幸福を与えることは自分が幸福になることなのです。人間関係というのは絶えずそういうものです。

そういう感情を家族がお互いに持ち合うということが大切だと思います。お互いにそういうお話をしてくださると、日々の積み重ねの中で、お互いの中にだんだんそういう気持ちが掘り起こされていくかもしれません。

子どもの心の名医・佐々木正美の歩み

1935年（昭10）	0歳	8月25日、群馬県前橋市生まれ。3人兄弟の長男として生まれる。
1938年（昭13）	3歳	東京・世田谷に転居。
1941年（昭16）	6歳	太平洋戦争勃発。
1942年（昭17）	7歳	世田谷区世田谷国民学校入学。
1943年（昭18）	8歳	大田区池上国民学校転校。
1944年（昭19）	9歳	小学校3年の2学期、父の郷里、滋賀県蒲生郡西桜谷村（現・日野町）へ家族全員で縁故疎開する。非農家のため極貧の生活を余儀なくされる。村の国民学校に転校。
1945年（昭20）	10歳	太平洋戦争終戦。
1947年（昭22）	12歳	新制中学制度施行。
1948年（昭23）	13歳	西桜谷中学校（現・滋賀県日野町立日野中学校）入学。
1951年（昭26）	16歳	滋賀県立日野高等学校入学。山を自転車で越えて通う。音楽教師・内野清先生の下宿でクラシック音楽に目覚め親しむ。
1954年（昭29）	19歳	高校卒業後、高田馬場にある東京三協信用金庫に勤務。北多摩郡保谷町（現・西東京市）独身社員寮で自炊生活。将来大学で学ぶため貯金を心がけながら働く。
1960年（昭35）	25歳	父母が東京三協信用金庫管理人に採用され上京する。これを機に武蔵大学医学部進学課程に入学し、2年後の医学部入学を目指す。
1962年（昭37）	27歳	新潟大学医学部編入学。両親からの仕送り・育英会の奨学金・家庭教師のアルバイトで学業継続。

1964年（昭39）	29歳	東京オリンピック開催。
1966年（昭41）	31歳	新潟大学卒業後、両親や家族のいる東京に戻る。東京大学医学部精神科で臨床研修を受ける。東京・三鷹の吉祥寺病院でパートタイマーで勤務。東大時代の研修医仲間とアメリカやカナダへの臨床訓練の留学（ＥＣＦＭＧ）を目指し、受験準備の勉強会を始める。 青山学院初等部の伊豆湯ヶ島での夏の合宿に研修医ながら代理で同行し、当時、音楽の教師だった妻・洋子と出会う。ちょっとしたハプニングがあり、新宿御苑での再会を約束する。
1967年（昭42）	32歳	正規の研修後、市川市にある国立国府台病院精神科に勤務。
1968年（昭43）	33歳	3月結婚。東京・高田馬場の小滝橋に近い借家で新生活をスタート。両国の同愛記念病院精神科に勤務。ＥＣＦＭＧの試験に合格。
1969年（昭44）	34歳	カナダのブリティッシュ・コロンビア大学児童精神科研修医として留学。夫婦でカナダへ。特別指導教授は2人。1人は自閉症を世界で初めて報告したレオ・カナー教授に学んだアンドリュー・マクターゲット教授。もう1人のカール・クライン教授から受けたエリック・エリクソンの「ライフスタイル理論」の講義は、その後の人生に多大な影響を与える。留学最後の日に言われた「子どもとその家族の言葉に耳を傾けること。そのことの実現にのみ全力を尽くすことが、臨床の基本であり、全てだ」という言葉を深く心に刻む。
1971年（昭46）	36歳	カナダ留学終了。帰国後、病気の両親と同居する。12月長男誕生。
1972年（昭47）	37歳	国立秩父学園（当時は重度精神薄弱児収容施設と呼ばれていた）に勤務。１００人程の子どものうち自閉症は12人。子どもの不適応行動に充分に対応できず途方に暮れる日々と告白している。77年まで勤務。
1973年（昭48）	38歳	二男誕生
1974年（昭49）	39歳	秩父学園と併任しながら、東京大学精神科助手となり、児童外来と小児部デイケアで働く。 知的障害と発達障害の臨床像の違いを決定的に学ぶ。東京女子医科大学小児科非常勤講師として週１回勤務。 わが国ほぼ最初の学習障害の臨床活動に取り組む。

1969年、ブリティッシュ・コロンビア大学キャンパスで。

1975年(昭50)	40歳	東京・狛江市の公立保育園の保育士たちと月1回夜の勉強会を始め23年間続ける。その後も不定期ながら続け、最後の勉強会は2012年6月。長い時間をかけた多くの実例で教えられる。その他にも横浜市・小田原市・相模原市・横須賀市、新潟や広島の保育者たちとの勉強会を定期的・継続的に行う。
1976年(昭51)	41歳	三男誕生。㈶安田生命社会事業団(現(公)明治安田こころの健康財団)の顧問医となり、81年〜2016年迄理事に就任。
1977年(昭52)	42歳	東京大学精神神経科非常勤講師に就任。週1回勤務。横浜にある小児療育相談センター所長に就任、働き盛りの約20年を過ごす。東京・高田馬場から町田市鶴間(当時)に転居。
1982年(昭57)	47歳	10人の仲間とアメリカ・ノースカロライナ大学チャペルヒル校を訪問。TEACCHの創設者・エリック・ショプラー教授と出会い、以後、親交を深める。教授やスタッフの臨床作業を見学し、自閉症児への治療教育プログラム・モデルを学び、日本での紹介・普及に努める。
1984年(昭59)	49歳	ノースカロライナ大学チャペルヒル校2度目の訪問。大学内で公開講義と精神科内での小グループのセミナー・レクチャーをする。父逝去(明治38年生まれ)。
1986年(昭61)	51歳	全米自閉症協会年次総会で特別講演を行う。チャペルヒル校・ショプラー教授と一緒にセスナで州内の地域センターや教育保健センターで講演をして回る。
1987年(昭62)	52歳	母逝去(明治45生まれ)。
1989年(平元)	54歳	元号、平成となる。
1992年(平4)	57歳	ノースカロライナ大学TEACCH部非常勤教授に就任。網膜剥離の手術を受ける。「ノースカロライナTEACCHプログラム視察研修ツアー」団長として同行解説をする。2008年まで団長。その後も企画協力し、ツアーは現在も継続中。
1994年(平6)	59歳	小児療育相談センターの子育て事業室長だった杉浦正明が設立した「子育て協会」の顧問に就任。
1995年(平7)	60歳	還暦を機に小児療育相談センターを辞し、横浜市総合リハビリテーションセンターに勤務、亡くなるまで継続する。
1997年(平9)	62歳	倉敷の川崎医療福祉大学学長の江草安彦先生より招聘され教授に就任。毎週月曜から水、木まで勤務。後任の学長・岡田喜篤先生とも共感し合い、保健・福祉・医療に関するわが国最初の総合大学での仕事に誇りを持って働く。

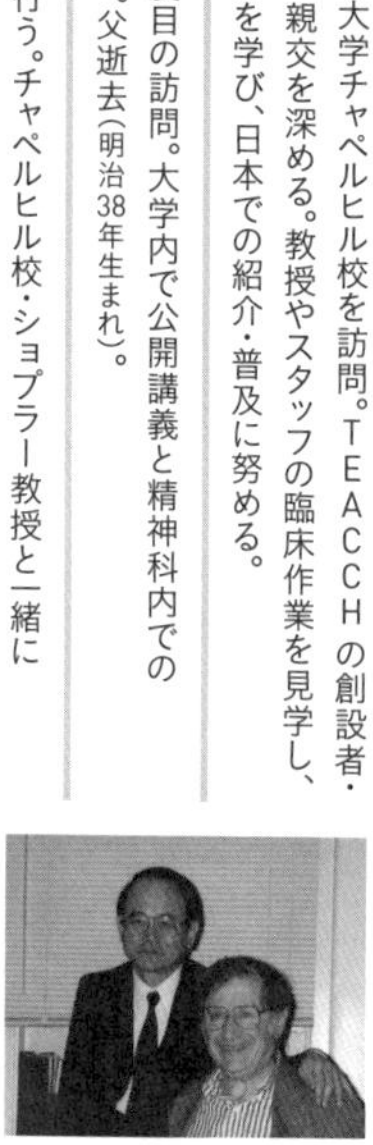
人生を変えたショプラー教授とTEACCHプログラムとの出会い。

2000年（平12）	65歳	ノースカロライナ大学チャペルヒル校の非常勤講師に就任。
2002年（平14）	67歳	朝日新聞厚生文化事業団主催、第1回「自閉症カンファレンスNIPPON」2002（現在も毎年開催）で実行委員長を務める。ショプラー教授来日。2017年まで同実行委員長を務める。
2003年（平15）	68歳	ショプラー教授の要請で、ノースカロライナ大学で自閉症のTEACCHプログラム協力関係による成果について公開講義。川崎医療福祉大学特任教授となる。
2014年（平26）	79歳	川崎医療福祉大学客員教授となる。
2017年（平29）	81歳	6月28日逝去。「家での食事を何より愛し、家に人を招くのが好きなので、外国からのお客さまや勉強会も多かった。講演を頼まれるとどこへでも出かけ、日本で行かなかった県はないくらいでした」と妻・洋子は家庭での素顔を話す。

2010年、「ぶどうの木 小さな広場」で妻・洋子と一緒に。

協力：
杉浦正明（子育て協会代表）

アートディレクション・デザイン
川村哲司（atmosphere ltd.）

イラスト：
nanako

校正：
あかえんぴつ

企画・編集：
矢島祥子（矢島ブックオフィス）

佐々木正美（ささき・まさみ）

1935(昭和10)年生まれ。新潟大学医学部卒業後、70年、ブリティッシュ・コロンビア大学医学部児童精神科に留学。帰国後、国立秩父学園・東京大学精神科・東京女子医科大学小児科勤務を経て、77年、小児療育相談センター（横浜市）所長に就任。95年から横浜市総合リハビリテーションセンターに勤務。97年、川崎医療福祉大学(倉敷市)教授に就任し、以後2003年から2017年迄、特任教授・客員教授となる。ノースカロライナ大学精神科でTEACCH（自閉症の療育支援プログラム）を学んだことをきっかけにその共同研究に携わり、日本での普及に努める。子育て・養育の講演やセミナー、保育園・幼稚園の勉強会などを全国各地で定期的・継続的に重ねる。2017年6月逝去。

主な著書に、『子どもへのまなざし（三部作)』『はじまりは愛着から』(共に福音館)、『子どもの心の育てかた』(河出書房新社)、『「育てにくい」と感じたときに読む本』(主婦の友社)、『出会いでつむぐ私の仕事』『出会いでつむぐ私の半生』(共にぶどうの木)、『かわいがり子育て』『子育てでいちばん大切なこと』『＊発達障がい児の子育て』『佐々木正美の子育て百科～入園・入学前に親がしておきたいこと』(共に大和書房。＊は監修)他多数。

佐《さ》々《さ》木《き》正《まさ》美《さみ》の子《こ》育《そだ》て百科《ひゃっか》 2

入園《にゅうえん》・入学後《にゅうがくご》、子《こ》どもの心《こころ》はどう成長《せいちょう》するか

2020 年 6 月 1 日　第 1 刷発行

著　者　佐《さ》々《さ》木《き》正《まさ》美《み》
発行者　佐藤 靖
発行所　大和書房
〒 112-0014　東京都文京区関口 1-33-4
電話 03-3203-4511

印刷所　歩プロセス
製本所　小泉製本

ISBN978-4-479-78507-1

http://www.daiwashobo.co.jp/